■이 도서의 국립중앙도서관 출판예정도서목록(CIP) 은
서지정보유통지원시스템 홈페이지(http://seoji.nl.go.kr)와
국가자료공동목록시스템(http://www.nl.go.kr/kolisnet)에서 이용하실 수 있습니다.
(CIP제어번호: CIP2015025990)

크레이그 모드
백원근 옮김

종이와 스크린을
유랑하는 활자들

우리 시대의 책

마음산책

우리 시대의 책

1판 1쇄 인쇄 2015년 10월 5일
1판 1쇄 발행 2015년 10월 10일

지은이 | 크레이그 모드
옮긴이 | 백원근
펴낸이 | 정은숙
펴낸곳 | 마음산책

편집 | 이승학 · 최해경 · 김예지 · 박선우   디자인 | 이혜진 · 이수연
마케팅 | 권혁준 · 곽민혜   경영지원 | 이현경

등록 | 2000년 7월 28일(제13-653호)
주소 | (우 04043) 서울시 마포구 잔다리로 3안길 20(서교동 395-114)
전화 | 대표 362-1452 편집 362-1451   팩스 | 362-1455
홈페이지 | http://www.maumsan.com
블로그 | maumsanchaek.blog.me
트위터 | http://twitter.com/maumsanchaek
페이스북 | http://www.facebook.com/maumsanchaek
전자우편 | maum@maumsan.com

ISBN 978-89-6090-240-4 03010

* 책값은 뒤표지에 있습니다.

공유할 수 없는 텍스트는
이 세상에 존재하지 않는 것과 마찬가지다.

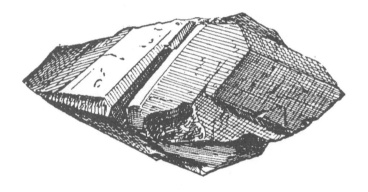

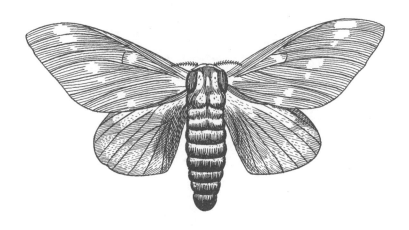

'우리 시대의 책'이란 무엇일까?

'우리 시대의 책'이란 형체가 있는 책이다. 제대로 된 종이에 잉크로 인쇄되어 튼튼한 제본에 가름끈이 붙어 있고 타이포그래피에도 상당한 노력을 기울인다. 많은 난관을 거쳐 우리들의 책꽂이에 자리를 잡고, 인식되고, 손에 쥐어져 주목받기를 기다린다.

동시에 '우리 시대의 책'이란 형체가 없는 책이다. 디지털로 화면에 떠올라 우리의 아이폰이나 아이패드, 킨들이나 기타 단말기 등에 존재한다. 화면의 크기나 해상도의 차이와 관계없이 스크린을 꽉 채우고 있다. 아무런 경고도 없이 사라져버리는 것이 있는가 하면, 컴퓨터 네트워크 안에서 반복적으로 복사되는 것도 있다.

'우리 시대의 책'이란 그 양쪽을 오가는 책이다. 물질에서 디지털로 바꿀 수가 있다. '우리 시대의 책'은 고단샤講談社나 랜덤하우스에서 발행되어 수백만 명의 독자들에게 전달된다. '우리 시대의 책'이란 당신이나 나 같은 개인이 발행해도 수백만 명의 독자에게 전달될 수 있다.

'우리 시대의 책'은 깔끔하게 편집되고 다듬어져 완성된 원고로 출판된다. '우리 시대의 책'은 거의 편집되지 않고 단편적인 채로 출판되며 독자들에 의해 다듬어진다.

당신이 손에 쥐고 있는 이 책은 '우리 시대의 책'에 관한 책이다. 책이 디지털로 옮겨 갈 때의 기술적 장애물에 대한 책이다. 사람들의 힘을 빌려 자금을 조달하지 않으면 세상에 나오기 어려운 출판의 존재 방식에 대한 책이다. 태블릿PC나 스마트폰을 이용한 독서의 증가 때문에 바뀌고 있는 표지의 존재 의의에 관한 책이자, 변화하고 있는 책과의 관계에 관한 책이다.

이 책은 지난 4년간 책의 존재 방식, 독서 방법, 출판 양상의 진화를 지켜본 나의 글을 묶은 것이다. 이 책은 어떤 책은 죽고 다른 종류의 책이 태어난다고 알리는 책이 아니다. 종이책은 끝나고 무조건 전자책이 융성할 것임을 말하려는 책도 아니다. 지난 4년간 우리가 무엇인가를 배웠다면 그건 '우리 시대의 책'이란 종이책과 전자책 중 어떤 쪽을 가리키며, 저자와 출판사와 독자의 관계를 진화시키기 위해서는 양쪽 모두에 중요한 역할이 있다는 것이다.

여기에 쓴 글은 관찰의 기록이다. 실리콘밸리나 뉴욕의 출판 스타트업에서의 경험을 기록했다. 스스로의 출판 경험도 기록했다. 그리고 내가 몇 번이나 인생을 통해 시도하고 열중하며 사랑에 빠졌던 한 권 한 권의 책에 대한 애정의 기록이다.

부디 '우리 시대의 책'에 대해 함께 생각해주시기를 바란다.

2014년 10월
크레이그 모드

차례

책은 마음과 몸을 다양하게 비춰주는 거울이다.

—로버트 브링허스트

■ 일러두기

1. 이 책은 크레이그 모드의 『ぼくらの時代の本』(2014)을 우리말로 옮긴 것이다. 당초 이 책
   에 실린 글들은 영어로 쓰였으나 단행본으로 엮이기는 일본어판이 처음이다.
2. 각주와 본문에 소괄호로 담은 부연은 모두 저자 것이다. 옮긴이 주는 글줄 상단에 맞추
   어 작게 표시했다.
3. 외국 인명·지명·작품명 및 독음은 외래어표기법을 따르되 관용적 표기와 동떨어진 경
   우 절충하여 실용적 표기를 따랐다.
4. 국내 소개된 책·영화 등은 번역된 제목을 따랐고, 국내에 소개되지 않은 것은 원어 제
   목을 독음대로 적거나 필요한 경우 우리말로 옮기고 원어를 병기했다.
5. 언론 매체, 영화, 잡지 등의 제목은 〈   〉로, 책 제목은 『   』로, 편명과 기사명 등은 「   」
   로 묶었다.

1장

'아이패드 시대의 책'을 생각한다

책 만들기의 두 가지 길

종이책이 죽어가고 있다
그 대신 전자책이 비약한다
그리고 누구나 혼란에 빠졌다

슬퍼할 필요가 있을까?
　출판업계의 지반이 흔들리고, 동시에 아마존닷컴 킨들의 판매 대수가 급속하게 늘어나는 가운데 기존의 '책'에 대한 관념을 버리지 못하는 사람들은 이런 사태를 한탄한다. 그렇지만 정말로 눈물을 흘릴 필요가 있을까?

　지금 사라지려고 하는 것은

—읽고 버려지는 페이퍼백

—공항 매장에서 팔리고 있는 페이퍼백

—해변에서 시간을 보내려고 읽는 페이퍼백 아닌가?

　우리에게서 점점 사라지고 있는 것은 쓰레기로 버려질 운명인 책들이 아니던가. 외관이나 보존성, 내구성조차 고려되지 않고 인쇄되는 책들. 대부분 한번 소비되면 그 후에는 버려지는 책들이다. 이사 때는 제일 먼저 쓰레기 상자로 가는 책들이다.

　먼저 자취가 사라지는 것은 그런 책이다.

　이제 확실히 말해두어야겠다. 슬퍼할 필요는 없다고.

　무거운 짐일 뿐인 이런 책들이 사라진다면 점점 시대에 뒤처지고 있는 책의 유통에서 불필요한 낭비도 사라질 것이다. 물리적인 책이 사라진다면 멸종하는 나무(=종이)를 세계 각지로 공수할 필요할 필요도 없어질 것이다.

　나아가 보다 중요한 순기능이 있을 것이라고 쉽게 상상할 수 있다. 출판으로의 진입 장벽이 낮아짐에 따라 보다 첨예하고 모험적인 내용의 책들이 디지털 형식으로 등장할 것이다. 새로운 스토리텔링이 출현할 것이다. 환경에 대한 부담도 줄어들 것이다. 편집자의 중요성도 부각될 것이다. 그리고 아이러니하게도 실제로 종이에 인쇄되어 출판되는 책의 질이 높아질 것이다.

나는 2003년부터 2009년까지 6년간, 아름다운 종이로 만드는 출판에 종사했다. 6년간이다. 종이를 사용한 책만을 만들었다. 21세기에 말이다.

그 일이 너무 좋았다. 작업 과정이 너무 좋았다. 완성되는 모양이 멋졌다. 그 작은 잉크와 종이의 감촉이 참으로 섹시하게 느껴졌다. 그리고 이제 다시 말할 수 있다. 콘텐츠를 만드는 사람으로서, 디자이너로서, 또한 발행인으로서, 아이패드와 그 새로운 가능성에 대해 매우 흥분해 있다. 이 흥분을 솔직히 인정하면서도 냉정하게 그 가능성에 대해서도 생각하고자 한다.

아이패드의 등장으로 우리는 디지털 형식으로 고급 콘텐츠를 소비하기 위한 플랫폼을 손에 넣었다. 그런데 이것은 어떤 의미가 있는가. 아이패드가 왜 그 정도로 흥미진진한가를 이해하려면 우선 지금까지의 궤적에 대해 생각해볼 필요가 있다.

여기에서 새로운 전자책에 대한 종이책의 위상이나 지금까지 긴 문장이 스크린 위에서 읽히지 않았던 이유, 나아가 아이패드가 이러한 혼돈 속에 어떻게 진입하려 하는가에 대해 생각하려 한다. 그렇게 함으로써 콘텐츠를 출판할 때 종이와 디지털의 각기 다른 사용법을 명확히 할 수 있다고 생각한다.

이것은 책을 만드는 사람, 웹마스터, 콘텐츠 제작자, 저자, 디자이너를 향한 말이다. 아름답게 만들어진 것을 사랑하는 사람들에게 하는 말이기도 하다. 또한 위험 부담을 무서워하지 않고 자신이 만드는 작품에 최적인 형식과 미디어를 모색하는 스토리텔러를 위한 말이기도 하다.

콘텐츠의 핵심

참으로 긴 기간 동안 인쇄와 출판이라는 행위가 과대평가되었다고 생각한다. 물건의 존재 가치는 그 내용에 있는 것이지 물건 자체가 아니다. 그리고 물건이 책인 경우 그 존재 가치는 당연히 거기에 포함되는 내용, 즉 콘텐츠와 연결되어 있다.

여기서 콘텐츠를 크게 두 가지로 분류해보자.

정해진 형태가 없는 콘텐츠
(Formless Content＝형태를 따지지 않는 콘텐츠)

명확한 형태가 있는 콘텐츠
(Definite Content＝명확한 형태가 있는 콘텐츠)

형태를 따지지 않는 콘텐츠(어떤 용기에 담아도 의미는 바뀌지 않는다)

'형태를 따지지 않는 콘텐츠'는 다양한 형태로 얼마든지 바뀔 수 있고, 그러면서도 내재하는 가치가 사라지지 않는다. 그래서 '레이아웃에 좌우되지 않는 콘텐츠'라고도 할 수 있다. 대부분의 소설이나 논픽션 작품이 여기에 해당할 것이다.

예를 들어 작가인 무라카미 하루키가 컴퓨터 화면을 마주하며 집필할 때, 그 문장이 어떤 형태로 인쇄될까 등에 대해서는 생각하지 않을 것이다. 그는 스토리를 어떤 그릇에도 쏟을 수 있는 '텍스트의 폭포'라고 생각할 것이다.(주인공이 어떤 요리를 만드는지, 어떤 클래식 음악을 듣는지, 어떤 이상한 여자와 만나는지…… 실제로는 그런 것들만을 생각할 터이지만 분명히 그 요리·음악·여성이 어느 페이지에 인쇄될지, 책으로 만들어졌을 때의 최종적인 모양에 대해서는 생각하지 않을 것이다).

그에 비해 후자인 '명확한 형태가 있는 콘텐츠'는 거의 모든 면에서 '형태를 따지지 않는 콘텐츠'의 반대쪽에 있다. 그림, 차트, 그래프 등을 포함한 텍스트의 대부분, 또는 시 등도 이쪽으로 분류된다. 이런 유형의 콘텐츠는 나중에 다른 그릇에 옮길 수도 있지만 그 쏟아붓는 방식에 따라 내재하는 의미나 텍스트의 질이 바뀌어버릴 우려가 있다.

마크 대니얼루스키|Mark Z. Danielewski. 미국 소설가로 'signiconic'이라 일컫는 시각적 글쓰기로 알려졌다는 틀림없이 자신의 다음 작품의 최종적인 포

맷에 대해 생각했을 것이다. 그의 작품 내용은 명확한 형태와 나누기 어렵게 연결되어 있으므로 본래의 의미를 모두 잃지 않고 작품을 디지털화하기가 실제로는 불가능하다. 『온리 레벌루션스Only Revolutions』는 많은 독자들이 싫어하는 책인데, 그 이유는 이 작품이 두 사람의 등장인물 이야기를 번갈아 읽도록 강요하기 때문이다. 두 가지 이야기가 표지와 속표지 각각에서 시작되는 형태다.

물론 책 디자이너가 저자의 의사를 반영해 콘텐츠를 레이아웃하면서 그 레이아웃을 통해 형태를 따지지 않는 콘텐츠에 추가적인 의미를 더할지도 모른다. 그렇게 완성된 책은 디자인과 텍스트가 조합되어 '명확한 형태가 있는 콘텐츠'가 된다.

현대 작품들 중에도 '명확한 형태가 있는 콘텐츠'의 최첨단 사례로 에드워드 터프트Edward Tufte. 통계학자, 예일대 통계학 · 정치과학 · 컴퓨터공학 명예교수의 저작을 보면 좋다. 기호에 따라 다르겠지만 그가 저자 겸 디자이너의 재능을 겸비한 드문 존재라는 점, 나아가 그가 최종적인 형태와 의미 그리고 레이아웃의 완벽함을 철저하게 추구한다는 것만은 인정하지 않을 수 없을 것이다.

구체적인 형태를 가진 책이라는 문맥에서, 명확한 형태가 있는 콘텐츠와 형태를 따지지 않는 콘텐츠를 나누는 커다란 차이는 콘텐츠와 페이지 사이의 상호작용 여부에 달렸다. 형태를 따지지 않는 콘

명확한 형태가 있는 콘텐츠(담는 용기에 따라 의미가 바뀐다)

텐츠는 페이지나 그 경계선에 신경을 쓰지 않는다. 그에 비해 명확한 형태가 있는 콘텐츠의 경우에는 페이지를 의식할 뿐만 아니라 그 안에 담긴 내용과 판면의 레이아웃이 분리하기 어렵게 연결되어 있다. 그럴 경우 콘텐츠는 특정 페이지 안에 담기도록 편집되고 행갈이가 이루어지며 사이즈가 정해진다. 어떤 의미에서 볼 때 명확한 형태가 있는 콘텐츠에서 페이지는 캔버스이며, 콘텐츠는 그러한 특징을 잘 이용해 그 물건 자체와 콘텐츠 양쪽을 보다 완성도 높게 일체화시키며 끌어올린다고도 볼 수 있다.

간단히 말해, 형태를 따지지 않는 콘텐츠는 그것을 담는 그릇의 형태를 의식하지 않는다. 명확한 형태가 있는 콘텐츠는 그릇을 캔버스로 흔쾌히 받아들인다. 형태를 따지지 않는 콘텐츠는 통상적으로 텍스트뿐이다. 명확한 형태가 있는 콘텐츠에는 텍스트에 시각적 요소가 더해진다.

우리가 소비하는 책은 대부분 형태를 따지지 않는 콘텐츠로 분류된다. 인쇄물의 대부분을 차지하는 소설이나 논픽션은 형태를 따지지 않는다.

지난 몇 년 사이 형태를 따지지 않는 콘텐츠를 표시하는 데 뛰어난 여러 종류의 전자 단말기(디바이스)가 등장했다. 아마존닷컴의 킨들이 대표적이다. 고해상도 디스플레이가 탑재된 아이폰 같은 단말

기에서도 이전보다 쾌적하게 긴 문장을 읽을 수 있게 되었다. 즉 이제는 형태를 따지지 않는 콘텐츠를 간단히 디지털 형식으로 소비하는 것이 가능해졌다.

다만 이런 단말기로 문장을 읽는 것이 종이책을 읽는 것만큼이나 쾌적할까.

아마도 그렇게 말하기는 어려울 것이다.

인쇄된 '책'을 잃어버리는 것을 안타까워하는 사람들은 많은 경우에 이러한 '쾌적함'의 상실을 한탄한다. 그들은 "눈이 피로하다" 하고 말한다. "배터리가 금방 닳는다" "햇볕 아래서는 읽기 어렵다" "목욕탕에 들고 갈 수 없다" 하고도 말한다.

여기서 중요한 것은 어떤 불만도 '의미'의 소멸에 대해서는 말하지 않는다는 점이다. 디지털로 변환시켰다고 해서 책의 내용이 어려워지거나 이해하기 어렵게 되거나 하지는 않는다. 전자책 단말기에 대한 불만의 대부분이 읽기의 '질'에 대한 것이다. 질에 대한 논의의 필연적인 결론은 테크놀로지가 디스플레이나 배터리의 성능을 향상시켜 그러한 불만을 해소하고 있으며, 또한 메모나 북마크, 검색 등의 부가 기능 덕분에 전자 단말기 독서의 쾌적함이 종이책의 그것을 분명히 뛰어넘을 것이란 점이다.

▲　Edward Tufte, 『시각적 설명*Visual Ex planations*』. 내용과 형태가 일체화되어 있다

▼　Jost Hochuli · Robin Kinross, 『책 디자인하기*Designing Books*』. 물리적인 물건으로 의식된다

Instead of plotting a time-series, which would simply report each day's bad news, Snow constructed a graphical display that provided direct and powerful testimony about a possible cause-effect relationship. Rescaling the original data from their one-dimensional temporal ordering into a two-dimensional spatial comparison, Snow marked deaths from cholera (▬) on this map, along with locations of the area's 13 community water pump-wells (●). The notorious well is located at an intense cluster of deaths, near the ⑨ in BROAD STREET. This map reveals a strong association between cholera and proximity to the Broad Street pump, in a context of simultaneous comparison with other local water sources and the surrounding neighborhoods without cholera.

2. *Making quantitative comparisons.* The deep, fundamental question in statistical analysis is *Compared with what?* Therefore, investigating the experiences of the victims of cholera is only part of the search for credible evidence; to understand fully the cause of the epidemic also requires an analysis of those who escaped the disease. With great clarity, the map presented several intriguing clues for comparisons between the living and the dead, most strikingly visible at a brewery and a workhouse (listed yellow here). Snow wrote in his report:

> There is a brewery in Broad Street, near to the pump, and on perceiving that no brewer's men were reported to having died of cholera, I called on Mr. Huggins, the proprietor. He informed me that there were above seventy workmen employed in the brewery, and that none of them had suffered from cholera—at least in severe form—since the outbreak; and that this not seriously, at the time the disease prevailed. The men are allowed a certain quantity of malt liquor, and Mr. Huggins believes they do not drink water at all; and he is quite certain that the workmen never obtained water from the pump in the street. There is a deep well in the brewery, in addition to the New River water. [p. 42]

Saved by the beer! And at a nearby workhouse, the circumstances of non-victims of the epidemic provided important and credible evidence about the cause of the disease, as well as a quantitative calculation of an expected rate of deaths compared with the actual observed rate:

> The Workhouse in Poland Street is more than three-fourths surrounded by houses in which fatal cholera occurred, yet out of five-hundred-thirty-five inmates only five died of cholera, the other deaths which took place being those of persons admitted after they were attacked. The workhouse has a pump-well on the premises, in addition to the supply from the Grand Junction Water Works, and the inmates never went to Broad Street for water. If the mortality in the workhouse had been equal to that in the streets immediately surrounding it on three sides, upwards of one hundred persons would have died. [p. 42]

Each clear, hard reasoning may seem commonsensical, obvious, friendly technical. Yet we will visit on a tragic instance, the decision to search for the quiet deaths, when the straightforward logic of statistical (and visual) comparison was abandoned by many engineers, managers, and government officials.

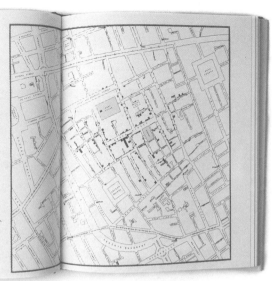

Format and thickness, hand and eye

The book as a usable object is determined by the human hand and the human eye. This establishes the upper and lower limits with respect to format, thickness (extent) and weight. Within these boundaries the format of a book is determined by its purpose or nature, certain traditions or currents of influence that belong to its time, and not least by paper- and printing-press-formats.

Books of pure text, for extended and continuous reading (generally works of literature), normally pose fewer fundamental problems than do books with illustrations. The first should be slim and light and if possible one should be able to hold them in one hand; the second should show the illustrations at an adequate size, and so require a larger format and other proportions. It is hardly to find a reasonable format for those works of science, information, and school books, for which verbal and visual information are equally important. Nowadays the illustrations (insofar as they are simply there for reference purposes) often occupy an unnecessary amount of space, at the expense of handleability and readability. Some illustrations do not lose their information value if they are reproduced a bit smaller. This holds true particularly for such things as plans, technical drawings and graphic representations.

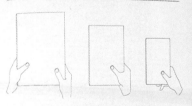

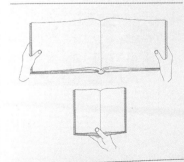

『아시아를 지나는 육로Overland through
Asia』(1871), 읽고 버려지지 않는 책

디지털화된 텍스트의 편리성—읽고 싶을 때 곧바로 읽을 수 있고, 파일 사이즈와 물리적인 크기 모두가 가볍다는 점, 검색이 가능하다는 점 등은 종이책의 편리함을 이미 훨씬 뛰어넘었다.

여기까지만 보면 이야기는 간단하다. 형태를 따지지 않는 콘텐츠를 인쇄하는 일을 그만하고, 명확한 형태가 있는 콘텐츠만을 종이에 인쇄하면 된다.

그렇지만 아이패드의 등장으로 그것이 바뀌고 있다.

아이패드의 등장

우리는 종이책을 정말 좋아한다. 그도 그럴 것이, 원래 읽을 때는 가슴 가까이에 안듯이 잡는다. 컴퓨터 화면과 달리 킨들이나 아이폰(그리고 아마도 아이패드)으로 읽을 때도 같은 자세를 취한다. 텍스트와의 거리는 가깝고 문자를 좇는 것도 쾌적하다. 그리고 실제로 텍스트에 접촉한다는 어찌 보면 예사로운 사실이 이러한 독서 체험을 더욱 친밀하게 만든다.

킨들과 아이폰은 어느 쪽이나 뛰어난 단말기다. 다만 텍스트 위주

무한히 펼쳐지는 콘텐츠의 범위. 왼쪽은 「토라」(모세의 오경), 오른쪽은 〈몽고습래회사蒙古襲來繪詞〉

로 된 책에만 적합하다. 이에 비해 아이패드는 독서 체험 자체를 바꾸었다. 아이폰이나 킨들에서 텍스트를 읽을 때의 뛰어난 편리함을 더욱 큰 캔버스로 확대했다. 아이폰이나 킨들의 친밀감이나 쾌적함에 더해 잘 꾸민 레이아웃을 실현할 수 있는 크기이고 많은 기능을 겸비했다.

이것은 무엇을 의미하는가. 가장 확실한 것은 명확한 형태가 있는 콘텐츠를 디지털 형식으로 똑같이 재현할 수 있다는 점일 것이다. 그러나 무턱대고 이 방침을 적용해서는 안 된다고 나는 생각한다. 종이에 인쇄된 '명확한 형태가 있는 콘텐츠'는 그 캔버스만을 위한 것으로, 특정 페이지의 크기를 상정해 구성된 것이다. 아이패드는 이러한 책과 물리적으로 닮았을지 모르지만, 그 위에 종이책의 레이아웃을 그대로 재현하는 것은 아이패드가 제공하는 새로운 캔버스나 인터랙티비티interactivity를 충분히 살리지 못하는 것일 가능성이 있다.

예를 들어 페이지와 같은 가장 기본적인 요소에 대해 생각해보자. 페이지를 넘기는 일을 아이폰에서 재현하는 것은 따분한 일이며 그것을 강제하는 것처럼 느껴진다. 아이패드에서는 더욱 그렇게 느껴질 것이다. 콘텐츠의 흐름은 이미 페이지라는 단위로 나눌 필요조차 없다. 새로운 책의 레이아웃으로서 가로 방향으로 가면 장章을 이동할 수 있고 세로 방향으로 가면 각 장을 읽을 수 있도록 하면 어떨까.

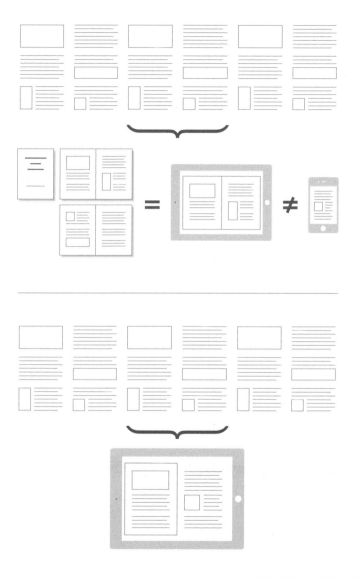

종이책에서는 펼친 양쪽 페이지가 캔버스다. 아이패드에서도 마찬가지라고 생각하기 쉽다. 그러나 그렇지 않다. 아이패드의 캔버스에서는 단말기 자체의 물리적인 경계를 감안해야 하지만, 동시에 그러한 경계를 뛰어넘어 실질적으로 무한하게 펼쳐지는 공간을 담아내는 것이 필요하다.

이 캔버스에서 새로운 스토리텔링 형식이 생겨날 것이다. 이것은 독자와 콘텐츠의 대화 모드를 재정의할 기회이기도 하다. 콘텐츠 만드는 일을 하는 사람에게는 다시없는 기회일 것이다.

우리가 만드는 종이책

종이에 인쇄된 책은 죽을 것인가. 대답은 '노'다.

아이패드의 콘텐츠에 대한 사용법은 아직 확실히 정해지지 않았다. 자신을 갖고 그 규칙을 정할 수 있을 만큼 긴 기간 동안 아이패드를 사용한 사람은 아직 없다. 그러나 나는 지금까지 6년간 소재와 형식, 물리적인 형태나 콘텐츠를 생각하며, 그리고 능력이 허락하는 한 종이책을 만들어왔다.

앞으로의 종이책에 대한 내 생각은 이렇다.

먼저 '이 작품은 읽고 버릴 종류인가'를 자문해보자. 내 경우는 그 질문에 대해 생각할 때 이 같은 뚜렷한 원칙을 적용한다.

- 형태를 따지지 않는 콘텐츠는 디지털 형식으로 이동한다.
- 명확한 형태가 있는 콘텐츠는 아이패드와 종이책, 두 가지로 나눈다.

종이에 인쇄하는 책은 제작 공정에 최대한 힘을 쏟아붓지 않으면 안 된다. 디자이너, 출판사, 작가가 캔버스로 인식하고 만드는 책이어야만 한다. 물리적인 형태를 가진 물건으로서, 이러한 책이 어떤 의미를 갖기 위한 유일한 길이다.

앞으로 종이책을 만드는 것을 생각할 경우 다음과 같은 점에 유의하라고 제안하고 싶다.

- 우리가 만드는 그 책은 **물리적인 형태가 필요하다**. 물리적인 형태가 콘텐츠와 연결되어 내용을 보다 빛나게 만든다.
- 우리가 만드는 그 책은 **형상과 소재 사용에 자각적이다**.
- 우리가 만드는 그 책은 **인쇄물의 장점을 활용한 것이다**.
- 우리가 만드는 그 책은 **장기간 보관할 수 있도록** 만든다.

그 결과는 다음과 같다.

- 우리가 만드는 그 책은 손안에서 확실한 존재감을 띤다.
- 우리가 만드는 그 책은 그리운 도서관 같은 냄새가 난다.
- 우리가 만드는 그 책은 여러 가지 디지털 기기를 자유자재로 사용하는 어린이들에게도 그 가치를 인정받아야 한다.
- 우리가 만드는 그 책은 종이에 인쇄된 책이 사상이나 아이디어를 구현하는 것임을 언제나 사람들에게 상기시켜야 한다.

이 기준을 하나라도 충족시키지 못하는 것은 버려지고, 디지털화의 흐름 속에서 곧바로 잊힐 것이다.

읽고 버려질 책들이여, 안녕.
새로운 캔버스들아, 안녕.

2장

표지를 해크하라
모든 것은 표지로 만들어져 있다

무에르토(죽음)!

표지는 죽었다!
죽었다!

죽었다, 레코드의 재킷과 마찬가지로!
죽었다, LD 슬립과 마찬가지로!
죽었다, 여덟 트럭분의 실seal과 마찬가지로!
죽었다, 디즈니의 VHS가정용 비디오테이프가 든 상자와 마찬가지로!
죽었다, 카세트 인덱스카드와 마찬가지로!
죽었다, 저 변변치 않은 CD 케이스나 가사 카드와 마찬가지로!

죽었다, DVD나 블루레이의 박스 아트와 마찬가지로!

표지를 상자에 넣고 불태워 그 재를 지역의 쇠퇴한 서점에 뿌려라. 이제 끝이다. 책을 자르는 칼은 버려라. 금속활자의 진열장은 닫아라. 불길한 전조는 사라졌다. 불길한 전조는 지금 불이 붙은 표지에 있었다. 이제 괜찮다.

다음!

오케이, 어휴.
아직 불안한가? 괜찮지 않을까.

전자책의 표지가 완전히 "죽었다"라고 하는데, 어째서 그렇게 두렵게만 생각할까. 종이책 표지처럼 생각해서? 하지만 상처받지 않았다! 표지는 죽어 있다. 그렇다면 이제부터 해크hack해야 한다. 표지를 갈기갈기 비트로 분해해서 무엇이 만들어지는지를 살펴보자.

이것은 책을 사랑하는 사람들과 디자이너들을 위한 에세이다. 표지는 어디에서 와서 어디로 가는가. 전자책 시대의 표지 미학은 도대체 무엇일까. 종이 시대의 재산을 무비판적으로 디지털로 이식할 뿐

본질은 계속 외면하는 현실에 불만을 품은 사람들을 위한 글이다.

우리가 알고 있는 의미에서의 표지란 정말로 이제, 안됐지만 '죽었다'. 왜냐하면 전자책의 접근 방식이 종이책과는 다르기 때문이다. 일단 그것을 이해하면 유익한 생각들이 생겨날 것이다.

가죽 표지

폴라 폭스Paula Fox. 미국 소설가는 그녀의 자서전 『가장 추운 겨울The Coldest Winter : A Stringer in Liberated Europe』에서 "마치 그의 얼굴을 만지는 것처럼 그의 서명(사인)을 만졌다"라고 썼다. 이런 친근한 느낌으로 우리는 종이책을 만지며 읽는다.

그래서 표지가 사라지는 것을 바라지 않는다. 사라지는 것을 바라지는 않지만, 오히려 급속하게 사라지고 있다. 킨들에서는 이미 대부분 사라졌다. 표지를 대신할 것이 없다는 것이 아니다. 대신할 것이 있다 하더라도 그건 과거에 우리에게 친숙했던 표지와는 다른 역할을 할 것이다.

표지가 사라지는 것을 바라지 않는다—이런 회고주의는 흥미 깊다. 우리가 표지의 소멸을 안타깝게 여기기 시작한 것은 극히 최근의

데이비드 피어슨의 하드커버 디자인

일이다. 매슈 배틀스는 『도서관의 흥망』에서 다음과 같이 썼다.[1]

> 와이드너도서관의 장서를 정리하는 사람들의 이야기에 따르면, 도서관은 '호흡하고 있다'고 한다. 학기 초에 서가는 소용돌이치는 커다란 구름 속에 책을 내뱉고, 학기 말이 되어 도서관이 숨을 들이켜면 책들이 날아서 되돌아온다.

날아다니는 책들은 가죽 표지였을 것이다. 두툼하고 먼지가 수북한, 어느 책이나 마찬가지로 '표지이면서도 표지 같지 않은' 근대적 사양이다. 표지를 위로 향해 테이블에 진열하면 어느 책이나 똑같아 보인다. 튼튼하고 격조가 있는 동시에 익명적이다. 표지의 상처나 가죽의 마찰 정도만이 무언가를 말해준다. 그러나 그건 내용에 대해서는 거의 말해주지 않는다. 여기서 표지는 종이 묶음을 보호하고 제본 상태를 유지하는 역할을 한다. 이 덕분에 책은 1000번 정도 책장을 들락거린 다음에도 사용 가능한 상태 그대로다.

디지털 세계에서 책은 널리 퍼져 존재함으로써 보호된다. 전자책은 어디에나 존재하고 어디에도 없다. 간단히 늘릴 수도 있고, 아프거나 썩지 않고, 몇 번이든 꺼내서 볼 수가 있다. 종이책 시대와 같은 표지 사용법을 전자책은 필요로 하지 않는다.

◀ GRAY318이 브랜딩한 조너선 샤프란 포어

1 Matthew Battles, 『도서관의 흥망: 고대 알렉산드리아부터 현대까지』, 소시사草思社, 2004. 원전은 『Library』(Norton, 2003).

기노쿠니야 서점에서의 기쁨

내가 표지에 대해 눈을 뜨고 관심을 갖게 된 것은 10년 가까이 된 일이다.

신주쿠 역 히가시구치東口에 있는 기노쿠니야紀伊國屋 서점에 발을 들여놓은 것이 열아홉 살 때였다. 당시 나는 일본이나 책 제작에 대해 아무것도 알지 못했다. 일본 서점을 방문한 것은 그때가 처음이었는데, 다른 많은 체험들과 마찬가지로 흥분되고 상상력을 자극했다. 서점 그 자체는 일본적인 조명에다 그저 그랬지만, 그야 어떻든 상관 없을 만큼 서가에서 이것저것 손길 닿는 대로 책을 빼 보는 즐거움을 느꼈던 것을 지금도 기억하고 있다. 서가에 꽂힌 책들은 어느 것이나 모두가 이치에 맞는 것들이었다.[2]

그로부터 몇 년이 지나 처음으로 그 이치에 맞는 책들은 독자에 대한 경의로부터 탄생했다는 것을 알게 되었다. 엉덩이의 포켓이나 가방에 알맞게 들어갈 만한 크기. 대개는 몇 권으로 분책이 된다. 지질도 세련되었다. 제본도 튼튼하게 되었다. 가름끈도 끼워져 있다. 하지만 되돌려 생각해보니 내가 무엇보다 마음을 뺏겼던 것은 그 간결한 표지였다. 리틀 하라 겐야原研哉(유명한 그래픽 디자이너)의 작품들이 펼쳐져 있었다. 흰색을 기조로 하여 잉크 문자를 깊이 고려해 배치한 디자인이다. 컬러는 통일감이 있고, 사진은 쓰지 않는다. 매

---

2   일본이 만들어내는 여러 디자인(음식, 문화 등)은 심취할 만한(중독성 있고 간결하며 상상을 자극하는) 합리성을 가지고 있다. 후카사와 나오토의 무지루시無印 디자인 그리고 기타 무지루시 상품들. 하리오의 커피 용품. 가마와누かまわぬ의 수건, 그리고 다다미 등. 몇 년 전 아트디렉터스클럽에서 심사위원을 할 때 우리를 매료한 우아한 소형 포스터의 대부분이 일본에서 제작된 것이었음을 기억한다. 물론 일본에서도 마음이 당기지 않는 웹사이트(예를 들어 가전제품 판매점 www.biccamera.com)가 만들어지기도 하지만 말이다.

력적인 책들이다. 그런 책들이 얼마나 많았던지.[3]

   미니멀한 표지들이 서가를 메우고 있다. 실제로 대부분의 책이 잘 배려된 미학을 따르고 있다. 전체적으로 이 미학은 하나의 문화적 목소리를 만들어낸다. 이치에 맞는 시스템, 기노쿠니야에서의 충격은 그 후 10년에 걸쳐 나를 붙잡았고 내 디자인에 깊은 영향을 미쳤다. 나는 언제나 자신에게 이렇게 묻곤 한다. '어떻게 하면 절도가 있는 디자인 언어와 생태계를 만들 수 있을까. 어떻게 하면 절제된 디자인이 가능할까.'

   일본의 표지 미학은 서양의 표지에 한 줄기 빛을 던진다. 일본과 달리 서양 서점의 서가는 얼마간 무질서하게 보인다.(지금도 그렇다.) 표지의 역사를 되돌아보면 점점 시각적으로 복잡해진 것을 알 수 있다.
   그것은 실제로 놀랄 만한 일이 아닌지도 모른다. 서점은 점점 줄고 있다. 서가 또한 점점 줄고 있다. 그런 까닭에 구매자의 눈길을 끌기 위한 경쟁이 심해진다. 결과적으로 표지들끼리 목소리를 높이는 경쟁이 격화되는 셈이다. 그렇지만 현재 발전 중인 전자책 분야에서는 표지의 역할이 극적으로 변하고 있다. 경우에 따라서는 과거의 역할이 사라졌다고도 할 수 있다. 표지는 더 이상 소리를 높일 필요가 없다. 왜냐하면 표지는 이미 과거와 같은 역할을 하고 있지 않기 때

3   그로부터 약 10년 뒤 나는 파리의 라 윈*La Hune*이라는 서점에서 비슷한 경험을 했다. 완벽한 하얀색의 책들이 놓여 있었다.

문이다.

이와 같은 변화는 디자이너들에게 절호의 기회이기도 하다. 표지가 개별적인 작품이라는 생각이나 마케팅 부문의 제약으로부터 벗어날 기회인 것이다. 어떤 의미에서 이것은 디자인을 바꿀 기회다. 표지를 해크할 기회. 그리고 당연히도 미래 전자책의 디자인은 장인 정신을 계승해야 할 일이다. 일본의 책 디자인처럼 합리성의 척도를 직조하면서 말이다.

새로운 표지들

물론 서양 표지들 전부가 목소리를 높이는 것은 아니다. 지난 수십 년간 괄목할 만한 작품이 등장한 것도 사실이다. 칩 키드Chip Kidd의 기념비적인 장정, 존 갈John Gall의 아트디렉션, GRAY318이나 벤 와이즈먼Ben Wiseman의 일러스트 기법, 버즈올Buzzall의 클래식한 문자 디자인, 데이비드 피어슨David Pearson, 헬렌 엔터스Helen Yentus, 피터 멘델선드Peter Mendelsund 등이 선보인 아름다운 디자인이 예가 될 것이다.

그들은 가슴 두근거리는 길을 발견했다. 일러스트나 독창적인 데보스deboss(플라스틱 카드의 글자 부분을 밀어내는 것) 가공, 기타 새로운

하라 겐야, 『디자인의 디자인』

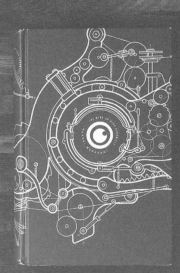

무라카미 하루키의 『태엽 감는 새』 표지

기법들을 통해 지난 100년 동안 거의 바뀌지 않았던 영역에 새로운 길을 열었다. 그들의 표지는 간결하고 섬세하며, 텍스트에 대한 경의와 나아가 마케팅의 결집을 보여준다.4

그렇지만 이런 표지들은 예외다.5 그래서 의문이 생긴다. 대부분의 표지 디자인은 오프라인 마케팅 도구로 진화했는데 전자책에서 표지의 역할은 어떻게 될 것인가? 구입한 다음에 표지는 어떻게 되는가? 아니, 좀 더 말하자면 구입하기 전 표지의 역할은 무엇인가?

아마존이라는 장소

미국의 대형 서점 체인이던 보더스Borders 그룹의 도산은 우리도 느끼고 있었던 다음 사실을 부각했다. 우리는 인터넷에서 책을 산다. 그것도 상당한 비율로. 그렇지만 표지는 아마존 화면에서 덤처럼 취급받는다. 표지가 있다고 말하면, 그래서? 정도의 느낌이다.

인터넷 서점의 화면을 보면 명확한 것이 있다. 표지는 이미 과거처럼 마케팅의 도구가 아니라는 것이다.
아마존 화면에서 표지는 검색 결과 페이지에 자그맣게 표시될 뿐

---

4 기타 아름다운 표지에 대해서는 www. bookcoverarchive.com 참조.

5 일본 출판 시장에도 심각한 표지들은 많다. 요란하다 못해 불쾌해지는 경우도 있다. 또한 일본의 책 표지들도 역시 마케팅 도구 노릇을 한다. 그러나 전제적으로 볼 때 (실제로 그런지는 알기 어렵지만) 지나치게 화려한 표지는 쓰지 않으려는 암묵적인 의식이 있는 것처럼 느껴진다. 공정하게 겨루려고 하는 것처럼 보인다. 적어도 표면적으로는 우아하고 위용이 있는 것처럼 보인다. 제 목소리만 높이려는 것처럼은 보이지 않는다. 미국에 비하면 영국의 표지도 배려가 있고 우아해 보인다. 지질을 포함해서.

이다. 신간 리스트 페이지에서도 매우 작게 표시된다. 상품의 상세 안내 페이지에서조차 데이터의 홍수에 떠밀린 것처럼 보인다. 멘델 선드가 만든 『인포메이션―정보 기술의 인류사The Information』의 뛰어난 표지 등은 완전히 사라져버렸다.

무엇 때문일까? 그것은 우리가 책을 살 때 얻을 수 있는 것이 데이터이기 때문이다.

표지 화면은 보는 사람을 사로잡을지 모른다. 그러나 결과적으로 리뷰 수나 내용 쪽으로 눈이 쏠리게 마련이다. 우리는 표지 화면보다는 평가를(마케팅에 의한 작위적인 것이 아니라 '진정한' 평가를) 의식할 수밖에 없다. 사람이 쓴 추천문. 때로는 자기가 아는 사람이 쓴 글들! 아마존 같은 어지러운 장소에서는 표지가 덤 같은 존재로밖에 느껴지지 않는 것이다.

킨들에서의 독서

킨들이라는 하드웨어는 '해크'라는 말에 가장 적합한 사례일 것이다.('난도질한다'는 의미에서.) 킨들의 독서 프로세스에서 표지는 완전히 절단되어 있다.

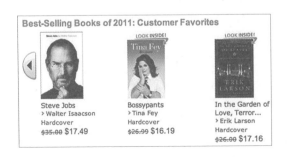

아마존닷컴의 연간 베스트셀러

문자만 나열된 킨들의 아이템(서명) 리스트에서 제목을 하나 선택하면 먼저 나타나는 것은 첫째 장의 첫 번째 페이지다. 책의 본문 앞에 들어가는 저작권 표시나 목차 그리고 물론 표지까지도 건너뛴다. 스티브 잡스의 전기에서는 표지를 보려면 '되돌아가기' 버튼을 15회 이상 계속 눌러대야 한다. 그건 바람직하지 않다. e잉크의 디스플레이에 나타나는 흑백사진도 있는데 말이다.

이런 독서 흐름은 하드웨어의 기술적 제약에 따른 것이 아니다. 곧바로 본문을 표시하는 효율성(그리고 아마도 데이터)을 의식한 설계에 따른 것이다. 당연히 그 효율성은 표지에 대한 친밀감을 희생시키면서 만들어낸 것이다.

전자책은 대부분 또는 전혀 맥락도 없이 어디서든 불러내 읽을 수 있다. 이와는 대조적으로 종이책을 읽을 때는 언제나 표지가 앞에서 대기하고 있다. 되풀이하여 읽을 때는 언제든 표지를 '거쳐서' 본문으로 들어간다. 다섯 번 정도 그것을 반복하면 책의 제목이나 저자를 기억하게 된다.[6]

6　이것은 또한 전자책에서의 인지적 거리에 관한 이야기이기도 하다. 킨들에서도 '홈' 버튼을 누르면 제목이나 저자 이름을 볼 수 있다. 그러나 원래 페이지로 돌아가는 데 시간이 걸린다. 표지로 되돌아가는 것은 종이책의 경우 10분의 1초 정도 걸리겠지만 킨들에서는 족히 3, 4초가 걸린다. 느리다. 인간은 나태하다. 왜 구글이 1000분의 1초에 집착하는가. 동물적인 인간의 뇌는 인내심이 약하며 잠깐 사이에 기분이 바뀌어버리기 때문이다.

새의 회의

파라 베비하니Farah Behbehani의 디자인 가운데 하나로 템스앤드허드슨Thames and Hudson에서 2009년에 출판한 『새의 회의The Conference of the Birds』(2009)가 있다.7 이 책은 표지와 본문 앞부분이 대책 없이 말살되는 시대에서 살아남으려는 하나의 사례다.

막 도착한 아마존의 상자를 열어보니 천으로 둘러싼 대단히 아름다운 케이스가 마중을 나온다.

케이스 안에 책이 들어 있다. 책 표지 역시 천으로 되어 있는데, 케이스에 지지 않을 만큼 아름답다. 그리고 표지를 열면 세련된 면지가 보인다.

똑딱똑딱 똑딱똑딱. 우리는 책에 빠져든다.

본문 앞부분의 어떤 페이지도 같은 톤을 유지하고 있다. 지질, 인쇄의 질, 디자인의 통일성. 목차에 도착하기 전까지 파라 베비하니의 작업이 결코 어설프지 않다는 것을 알게 될 것이다.

이윽고 본문(킨들에서는 '최초의 페이지')으로 들어간다. 박스를 열면 목적한 장소에 도착하는 것이다. 여기까지 진행될 수 있었던 것은 세심한 디자인과 결단력 있는 제작 덕분이다. 그리고 그 모든 것이 처음부터 읽어야 하는 종이책의 물질성에서 오는 제약에 대응한 것이다.

7 여러 판이 있는데, 비싸고 큰 하드커버를 보길 바란다. 58~59쪽 참조.

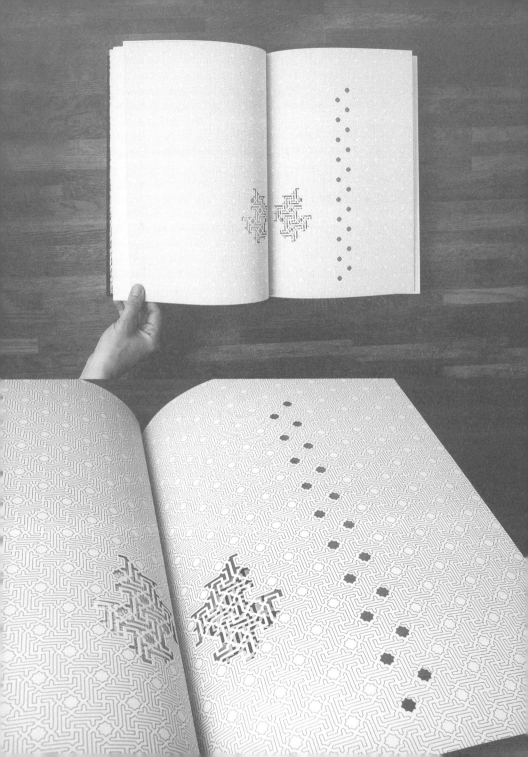

The Conference of the Birds

A Study of Farid ud-Din Attar's Poem
Using Jali Diwani Calligraphy

Design and Calligraphy by Farah K. Behbehani

전자책에서도 케이스나 천 소재의 제본, 면지, 속표지 등을 흉내낼 필요가 있다는 말이 아니다. 종이책의 이런 부분들은 기능상 필요하기 때문에 존재하는 것이다. 관례가 있었기 때문이다. 그런 사실들이 전자책 디자인에서는 무시되고 있다. 대부분 이런 물음들을 접할수 없다. 왜 그것들이 존재하는가, 라는.

왜 표지가 필요한가? 내용을 보호하기 위해서다.
왜 속표지가 필요한가? 표지가 없던 시대의 자취이므로.
왜 천으로 만들 필요가 있는가? 감싸서 보호하는 데 매우 적합한 재질이기 때문이다.

북디자이너나 소프트웨어 엔지니어들에게는 우리 시대의 전자책이 무엇을 계승해갈지 생각할 기회가 무한대로 열려 있다. 전자라고 하는, 종이와는 컨텍스트(문맥)가 다른 활자의 바다에 던져지면서 잃어버릴 것들이 분명히 있을 것이다. 그러면 어떡해야 종이의 컨텍스트를 계승해나갈 수 있을까? 디지털의 바다에서 표지는 어떠한 '기능'을 가져야만 할까? 본질적으로 표지란 무엇일까?

오늘날의 표지가 처한 상황

아이북스iBooks나 킨들의 앱에서 표지는 기껏해야 200픽셀의 섬네일(작은 이미지)로 줄었다. 대부분의 타이포그래피는 판독이 어렵다. 앱으로 만들어진 책은 표지가 아이콘으로 사용된다.

어떤 합리적인 미디어도 전자 미디어로 바뀌면서 상실되는 것들이 있다. 쇠퇴를 계속하는 책의 표지는 긴 시간에 걸쳐 천천히 축소되고 있는 CD 재킷과도 비슷하다. 레코드 재킷 디자이너 또한 같은 생각일 것이다. 그들은 카세트나 CD의 재킷에, 그리고 지금은 알디오Rdio(미국 등에서 제공되는 무료 음악 스트리밍 서비스)나 아이튠스iTunes의 섬네일에 쫓기고 있다. 캔버스의 대부분을 잃어버렸다.

제임스 브라이들James Bridle은 2010년에 발표했던 표지에 대한 에세이에서 날카롭게 지적했다.[8] 책이 디지털화되면 출판사는 컨트롤을 포기하지 않을 수 없다는 것이다.

우리가 인식해야 할 것은 (표지의) 복제는 제어하기 어렵다는 것이다. 표지는 복사되고 링크로 연결되며 해상도나 사이즈를 변경해서 재활용된다. (⋯) 동시에 알아둬야 할 것은 표지는 좀 더 다른 역할을 해낼 가능성을 지니고 있다는 점이다.

8 이 에세이는 오라일리 출판사의 표지를 찾고 있을 때 발견했다. 그의 발언과 나의 에세이에는 2년의 간격이 있다. 그 간격은 두 가지의 양극단을 보여준다. 지난 2년 사이에 출판 시스템은 엄청난 형세로 변화했지만 표면적으로는 엄청나게 변화를 거부하고 있는 것처럼 보인다.

그렇다면 그러한 제어 불능의 상황에 어떻게 대응할 것인가?
어떤 경우에도 적응할 수 있는 디자인을 만들면 된다.

도미노

세스 고딘Seth Godin의 '도미노 프로젝트'는 축소되어가는 표지의
세계에 시사점을 던져주며 체계화를 지향하는 인상적인 시도다.

'도미노'가 출판한 최초의 책『상자를 찔러라Poke the Box』표지에는
문자가 하나도 없다. 단지 즐거워 보이는 남자가 그려졌을 뿐이다.
표지에 문자가 없어 당황해하는 독자를 향해 고딘은 다음과 같이 설
명한다.9

> 누가 문자를 필요로 하는가? 웹에서 책을 검색하면 문자가 엄청나게
> 많이 나올 것이다. 스크린 위의 문자를 읽으면 된다. 표지는 아이콘이
> 기 때문이다.

이것이 아마존의 페이지라는 컨텍스트에 접속한 책 표지의 미학
이다.

A Book Apart

이와는 대조적인 것이 제이슨 산타마리아Jason Santa Maria가 미니멀

세스 고딘, 『상자를 찔러라』

9 Seth Godin, 「Why Aren't There
Words on the Covers of Our
Books(우리 표지에 문자가 없는 이유)」.

하게 디자인한『동떨어진 책A Book Apart』이다. 문자와 화려한 색의 조합을 보여준다. 크고 압축된 Sans Serif(산세리프)체 문자에 밝은 배경. 이것도 역시 어떤 크기에서든 사용할 수 있다.

종이와 디지털의 중간 지점

현재의 출판은 짧은 기간 동안 맹아기를 맞아, 많은 책들은 변함없이 전통적인 유통 경로를 이용한다. 그런 까닭에 어떤 종류의 책들은 전자책과 종이책 모두의 컨텍스트에 부합하도록 만들 필요가 있다.

카든 웹Cardon Webb이 디자인한 올리버 색스의 책 표지들은 종이책으로 보면 아름답다. 그런데 보다 중요한 것은, 그것이 아이콘으로 줄어들었을 때에도 감동하지 않고는 배길 수 없는 전체적인 상이 나타난다는 점이다.

이것은 디지털 세계에서도 제대로 기능하는 디자인의 한 가지 모범 답안이라 할 수 있다. 집에 있는 서가에서 보는 것보다 훨씬 좋다. 몇 권이나 되는 책 표지들이 보이도록 모아서 진열할 공간이 집에 있을 리가 없기 때문이다. 이런 디자인은 아이패드의 킨들 앱에 컬렉션 기능이 있다면 라이브러리에 모아두고 싶게 만든다.

2011년에 실시된 오라일리O'Reilly의 TOC(Tools of Change for

제이슨 산타마리아, 『동떨어진 책』

Publishing) 회의에서 나는, 우리가 알고 있는 표지는 이미 퇴화한 꼬리의 흔적 같은 것이라고 말했다. 옛날 책의 흔적 말이다.

그런 말을 할 곳으로 그 회의를 선택한 것은 오라일리의 아트디렉터들이 표지를 체계화하는 것의 효과와 표지에 의해 만들어지는 브랜드의 힘을 확실히 이해하고 있었기 때문이다. 그들이 만드는 표지는 마치 전 시대의 특징을 가장 유기적으로 디지털 형식으로 바꾸었다고 할 만하다. 오라일리처럼 이른 시기부터 표지의 브랜딩 효과를 알았던 컴퓨터 관련서 출판사는 달리 없었다. 종이책 출판사로서 곧바로(약간 손을 대는 정도로) 전자책 컨텍스트에 적용할 수 있는 표지 브랜드를 겸비한 곳은 적다.

특징

그럼 이제까지 보아온 표지의 특징이란 무엇인가?

- 아이콘(으로서의 적합성)
- 문자가 크다
- 눈에 띈다

사람의 눈을 끄는 전자책 표지를 만들고 싶다면 이러한 특징들은 참고할 가치가 있다. 이러한 특징은 종이책에도 적용할 수 있고, 종

합적인 디자인으로서 아이패드 시대의 표지의 지표가 될 것이다. 킨들을 우선시하는 디자인을 하고 킨들에서 아름답게 표현된다면 종이책에서도 아름답게 보일 것이다.

시스템을 해체하라

그렇지만 그걸로 만족하면 어떻게 될까?

'눈에 띄고' '아이콘으로 적합하고' '문자가 크다'는 것은 표면적인 특징에 지나지 않는다. 표지의 배후에 있는 시스템을 해크하면 어떨까?

이 에세이를 완성하기 위해서 나는 예전의 에세이 세 편, 즉 「'아이패드 시대의 책'을 생각한다」 「Post-Artifact Books & Publishing(완성 후의 책의 세계)」 그리고 「형체가 없는 것 ← → 형체가 있는 것」으로 되돌아가 디자인을 수정하여 재출판했다.

68쪽 사진이 그때 만든 것이다.

각각의 표지 아랫부분에 있는 작은 문자가 트로이의 목마, 즉 해크에 해당한다.

번거롭지 않고 대부분 유통 비용이 거의 들지 않는 것이 전자출판

오라일리 출판사의 표지

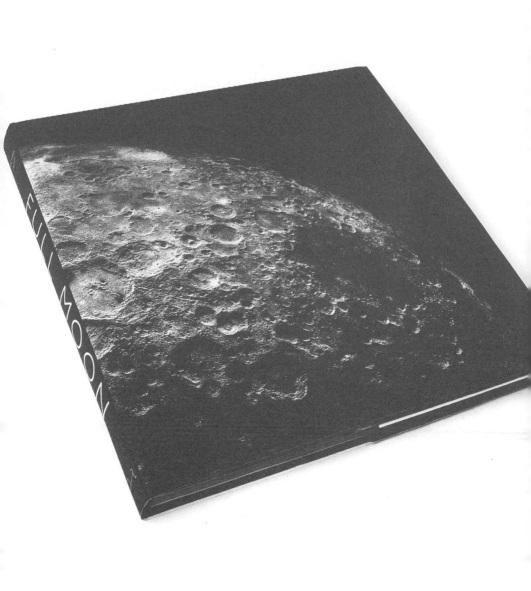

의 커다란 특징의 하나다. 얼마든지 내용을 갱신할 수도 있다. 표지가 더 이상 시각적인 마케팅 도구가 아니라면, 그 유통 시스템을 이용하여 표지를 '알리는(공지하는)' 도구로서 활용하는 것은 어떨까?

새로운 에세이를 출판할 때마다 이전에 쓴 에세이의 표지를 바꾼다. 어느 것 하나라도 에세이를 구입한 사람에게는 공지를 보낸다. "「'아이패드 시대의 책'을 생각한다」가 개정되었습니다."[10] 표지는 바뀌고, 거기에는 최신 에세이의 제목이 추가된다.(예를 들어 빨간색으로 하이라이트 표시를 해서.) 세련된 방법이라 말하기는 어렵지만 표지를 전달 장치로 삼음으로써 킨들의 플랫폼에 iOS 스타일의 공지를 포함시키는 해크가 가능해진다.

이것이 이상적인가? 물론 그렇지는 않다. 이것은 단지 해크일 뿐이다. e잉크인 킨들을 읽는 한 개정을 눈치채지 못할 수도 있다. 하지만 아이패드나 킨들파이어, 아이폰이라면 다를 것이다.

좀 더 세련된 방법이 있을까? 물론 있다. 그러나 현재의 전자출판이나 그 툴을 진화시키고 싶다면 지금 실현 가능한 극단치에 도전할 수밖에 없다.

이러한 해크를 통해 부각되는 것은 킨들, 아이북스 등의 플랫폼에서는 저자와 독자 사이에 부자연스러운 장해물이 놓여 있다는 점이다. 저자 입장에서는 이러한 플랫폼이 저자와 독자의 커뮤니티를 잘

해크한 킨들 책 표지

키우는 것이라고 생각할 것이다. 어쩌면 독자들 사이의 커뮤니티를 키우는 것인지도 모른다. 아마도 언젠가는 그렇게 될 것이다.

책의 내용

내가 종이책을 디자인할 때 궁극적인 목표로 삼는 것은 전통적인 미학을 갖춘 표지를 만드는 것이었다. 기능적인 표지, 벗겨지지 않는 표지, 가방에 책을 넣어도 안심할 수 있는 표지, 책의 내용에까지 피를 통하게 하는 간결한 표지.

그러한 표지는 책의 다른 부분으로부터 독립해서 디자인하는 것이 아니다. 전체를 구성하는 하나의 부분인 것이다. 표지는 독자를 이야기로 이끈다. 책의 톤을 만드는 데 도움이 된다.(표지가 책의 톤을 만든다고는 말할 수 없다.) 책에 아이덴티티를 부여하는 데 필요하지만 결정적으로 중요한 것은 아니다(라고 하는 것이 결정적으로 중요하다). 표지는 커다란 디자인 시스템의 한 조각인 셈이다.

실제로 나는 표지를 디자인하는 일보다도 표지의 안쪽, 즉 내용 부분을 디자인하는 쪽이 훨씬 즐겁다. 내용 부분은 책의 가장 맛있는 부분이기도 하다. 표지와 달리 내용 부분의 디자인을 자랑하는 일은 드물다. 하지만 그렇듯 아무도 의식하지 않는 부분에서 느끼는 즐

10 기술적인 상세 사항을 몇 가지 추가한다. 통상적으로 개정된 책은 개정 후에 구입한 사람에게만 내용이 전달된다. 개정 이전에 구입한 독자에게도 개정된 내용을 전달하고자 한다면 KDP(Kindle Direct Publishing)에 이메일을 보내서 중요한 수정이 있었다고 구입자에게 공지할 수 있다. KDP는 이메일 수신 허락 설정을 한 구입자들에게 해당 책의 개정이 있음을 이메일로 알린다. 하이라이트 기능이나 메모 데이터는 잃어버릴 가능성이 있다. 본문에서도 언급했지만, 이건 해크이므로.

거움은 매우 크다. 내용 부분에서 독자와 심리전을 치르는 것이다. 톤(책의 분위기)을 바꾸고, 의미를 뒤흔들고, 텍스트에 생명의 형식을 부여한다.

내가 디자인한 책은 표지를 보지 않고 펼쳤다 하더라도 독특하고 겉보기에 확실한 아이덴티티가 있다고 본다. 타이포그래피나 일러스트 그리고 레이아웃을 이용해서 표지부터 내용 부분에 이르기까지 공통된 주제 의식을 관철한다. 그렇게 함으로써 표지는 어느 부분이나 살아 있게 되는 것이다.

전자책 내용 부분의 형태
프랭크 키메로Frank Chimero의 『디자인의 형태The Shape of Design』는 멋지고 독특한 디자인을 표지부터 내용 부분까지 관철한 전자책으로서 최근 내가 주목하는 책이다.

프랭크가 디자인한 전자책의 적당한 페이지를 펼쳐보면, 각 장의 처음에는 이미지가 있어서 어느 것이나 표지로 삼을 만하다. 그는 가장 기본적인 수준에서(그리고 현대 전자책 시스템의 제약 안에서) 어디를 보아도 표지라고 부를 만한 책을 만들었다.

아이북스의 경우 선택 가능한 타이포그래피의 수가 적은데도 프랭크가 디자인한 책의 장별 표제지, 표제어(헤드라인), 자간과 행간이

필자가 디자인한 책 『아트 스페이스 도쿄 Art Space Tokyo』

종이책과 거의 같다. 그는 종합적인 디자인 시스템 위에 텍스트를 쌓아 올려서 『디자인의 형태』를 종이책과 전자책의 중간 미디어로 완성했다.

인터페이스에 포함할 것

디지털 세계에는 종합적으로 책을 디자인하는 고전적인 미학이 요구된다고 생각한다. 책의 일부를 디자인하는 것이 아니라 책 전체를 디자인하는 미학 말이다.

전자책의 표지는 종이책처럼 굳이 소리를 지를 필요가 없다. 장사할 필요가 없다. 표지란 것이 없어질 것이기 때문이다. 지금은 책 전체를 표지처럼 다룰 필요가 있다. 전자책에서는 독서의 시작점이 확실히 정해져 있지 않은 데다 그조차 점점 애매해질 것이다. 디지털 독자라면 책상에 놓인 책과 만날 일은 드물다. 하지만 그들이 전자책과 만날 기회는 계속되고 있다. 친구가 SNS로 보낸 문장을 클릭하면 직접 해당 페이지로 갈 수가 있다.

나는 이런 현상을 'A Pointable We(가리키는 우리)'라는 시리즈 에세이로 쓴 적이 있다. 거기서 내가 논한 것은 전자 텍스트가 사람들에게 알려지는 과정을 이해하는 것이 중요한 이유, 그리고 전자 텍스

『디자인의 형태』. 천으로 만든 표지(왼쪽)와
아이북스에 표시된 장별 표제지의 일러스트
(오른쪽)

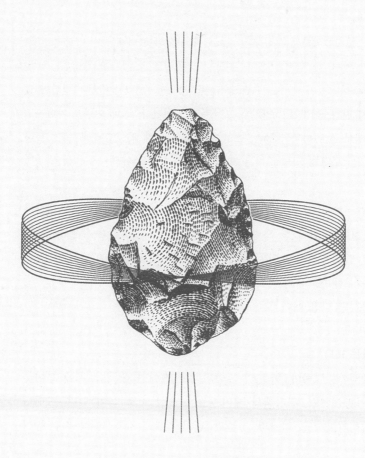

트를 잘못된 인터페이스로 덮어버리면 무슨 일이 일어날까 하는 점이었다.

플랫폼이라는 관점을 놓침으로써 다수의 아이패드 잡지 앱을 망치고 있다. 앱 잡지가 종이잡지보다 좋은 지위를 차지할 가능성은 없을 것이다. 잡지 앱에는 콘텐츠에 직접 접속할 수 있는 길이 마련되어 있지 않다. 여기라고 가리켜 보여주기가 어렵다. 결국 어디로 가더라도 '입구'를 지나가야 한다. 그리고 그 입구도 대개는 수백 메가바이트나 되어 무겁고, 파일을 여는 데도 화가 날 정도로 어렵다.

책 전체를 표지처럼 취급한다는 것은 즉 표지의 타이포그래피나 디자인에 쏟아야 할 사랑을 모든 페이지에 쏟는 것을 뜻한다. 폰트 선택, 일러스트의 스타일, 여백이나 페이지의 균형에 이르기까지.
다시 한 번 『새의 회의』를 봐주길 바란다.
아니면 다음 페이지를.

모든 표지

죽었다! 그렇다, 확실히. 페이퍼백을 붙이던 풀처럼. 책에 붙여놓던 가름끈처럼. 전자책의 페이지도 디지털 풀로 묶여 있다. 그러나 종이책의 풀과는 다르다. 킨들의 '페이지'에도 가름끈이 붙지만 종이

책의 끈과는 다르다.

물론 전자책에도 내용을 보여주는 고유의 화면(표지)은 있을 것이다. 그러나 그 화면은 커지기보다는 오히려 작아져서, 그보다 강력한 다른 데이터와 경쟁하게 될 것이다.

전자책의 표지에 대한 기존의 생각은 책의 파비콘favicon(즐겨찾기 아이콘)을 만드는 것과 같은 것으로, 텍스트의 '입구' 역할을 하는 것이 아니었다. 표지는 아무리 좋아도 커다란 디자인 시스템의 일부이므로 최악의 경우 존재하지 않는 것과 같은 상태가 된다.

계승하는 것

그러고 보니 앞에서 '계승'이라고 말한 적이 있다. 디자이너나 엔지니어들은 컨텍스트를 의식한 계승의 길을 찾지 않으면 안 된다. 『새의 회의』에 보기 좋게 끌어들인 것처럼 전자책에도 끌어들여야 한다.

이미지나 그래프 또는 시처럼 '명확한 형태가 있는 콘텐츠'를 포함한 종이책에서는 시각적인 컨텍스트라는 DNA가 일정량 포함되어 있는데, 전자책에서도 그것을 보호해야 한다. 나아가 단순한 문장과 같은 '형태를 따지지 않는' 책이라 해도 종이책과 전자책의 연속성이 요구된다. 독자가 어느 부분부터 읽을지 알 수 없다 할지라도.

구텐베르크 성서

도구

독자가 그 텍스트에 어떻게 접속했는지, 이전에는 온 적이 있는지, 거기서 무엇을 바라는지, 그런 것들을 알 수 있는 수단이나 장소가 있다면 독자에게나 저자에게 이점이 있을 것이다. 웹디자인과 상당히 닮았다고 느꼈다면 그것은 그 두 가지(전자책 디자인과 웹디자인)가 어느 정도 가까워졌다는 것을 의미한다.

아쉽게도 현재의 전자책 저작도구는 아직 그러한 전자책을 만들고자 하는 디자이너에게 도움이 될 정도는 못 된다. 누크Nook 11나 킨들은 전혀 디자이너의 손을 잡아주지 않는다. 아이북스 오서iBooks Author가 비로소 그 실현을 위해 나섰을 뿐이다.

레티나Retina 디스플레이 태블릿에서는 문자가 매우 아름답게 보인다. 디자이너의 욕망에 하드웨어가 따라오는 형국이다. 책임은 현재 디자이너의 비전을 실현할 수 없는 소프트웨어에 있다.

그때의 기쁨을

헤아리기 어려운 디지털의 홍수는(표지의 죽음! 죽음! 그리고 죽음!은) 표지에 대한 생각을 재검토할 계기를 만들어주었다. 노스탤지어(향수)에서 벗어날 계기를. 아니, 어쩌면 다음 단계의 노스탤지어의

토대를 만들 계기를.

하지만 가장 중요한 것은, 이러한 시도가 현재 상황을 좋아하지 않는 독자들에게 기쁨을 줄 수 있는 기회라는 점이다. 내가 처음으로 기노쿠니야 서점에 갔을 때의 그 기쁨, 그 감정을 껴안고 싶다.

독자를 생각하자. 배려가 부족한 전자책을 고생하며 읽어나가는 독자를. 생각지도 못한 표지라는 것을 보지 못한 독자를.

합리적인 크기에 쾌적하고 친근감이 솟도록 공들여 만들었으며, 충분한 여백과 잉크의 흔적 그리고 딱 맞는 정보량까지. (종이책이든 전자책이든) 아직 그런 책과 만난 적이 없는 독자를 생각해보자.

그들을 위한 전자책을 만들자.

우선은 표지부터 바꾸어보자.

3장

텍스트에 사랑을
이런 단말기가 중요하다

스타일이란 것은 돈으로는 살 수 없다.
—불필요한 장식에 대해, 윌리엄 진서William Zinsser

같은 책을 읽은 두 사람의 관계처럼 심원한 것은 없다.
—커서Cursor 대표 리처드 내시Richard Nash

1993년 무렵의 시디롬도 아니고, 비디오 믹스라거나 새로운 '인터페이스 패러다임' 등으로 말하지 말자.

'텍스트'에 대해 말하자.

전자책을 말하자.

진부한 눈물의 이별, 투신 등

부슬부슬 비 내리는 일요일 오후의 도심 카페에서 아이패드로 책을 읽으려다 실패했다. 폰트도 없고 틀린 철자도 보이고, 이상한 곳에서 페이지가 끊기거나, 나키와카레なきわかれ'눈물의 이별'이라는 말로 제목이나 단어, 표 등이 여러 단이나 페이지에 끊어져 걸쳐 있는 것을 뜻하는 인쇄 용어. 투신とびあいど 비슷한 맥락, 표가 잘리거나 해서 집중이 안 되었다. 그때 유리와 금속으로 만든 그럴듯한 물건을 들고 다닌 지 몇 주나 지났는데 10페이지 정도밖에 읽지 못했음을 비로소 깨달았다.

도대체 무엇이 문제일까?

아이폰에서 몇 번이나 소설을 읽어보았으므로 스크린 탓은 아니다. 테이블이나 무릎 위에 올려놓아도 되므로 무게 탓도 아니다.

문제는 좀 더 단순한 데 있었는데, 전자책을 읽는 데 쓰이는 아이북스나 킨들 앱은 e리더(전자책 단말기)용 앱으로서는 부족했던 것이다. 디지털 책인데도 엉터리로 조합된 PDF처럼 느껴져서 독서 체험에 장애가 되었다.

좀 더 제대로 된 물건을 만들 수 있을 터인데.(만들어야 한다.)

하지만 인터페이스나 디자인 문제보다도 깊은 곳에서 무엇인가 콕콕 찔러댄다. 앱이 디지털 텍스트 특유의 맛을 완전히 무시하고 있기 때문이다. 읽는 사람이 전자책을 읽을 때의 메타 데이터를 무시하고 있는 것이다.

이 에세이에서는 다음 두 가지 문제에 대해 생각해보고자 한다.

1. 기존의 e리더가 어떤 점이 부족하며 무엇을 어떻게 보완하면 좋을 것인가?
2. 디지털화된 텍스트를 읽을 때 어떤 메타 데이터가 생겨나며 어떻게 그것을 올바르게 이용할 수 있는 e리더를 만들 것인가, 그리고 나아가 그것이 어떻게 우리와 책의 관계를 바꿔 나갈 것인가.

먼저 디자인과 편의성이라는 두 가지 측면에서 e리더를 살펴보자. 그런 다음, 어떻게 해야 정말로 디지털 책의 '디지털'적 요소를 살려 나갈 것인가를 생각하고자 한다.

e리더의 현황

아이북스와 킨들의 앱을 비교해보면 디자인이 근본적으로 다르다는 것을 알 수 있다.[1] 아이북스는 텍스트를 개방하는 것이 아니라 3D 책처럼 쏙쏙 눈으로 들어온다. 이에 비해 킨들의 앱은 아이패드의 희

---

1 이것은 2010년 당시의 이야기다. 그 후에 아이북스와 킨들의 디자인이 어떻게 바뀌었는지 갖고 있는 최신판을 비교해보길 바란다.

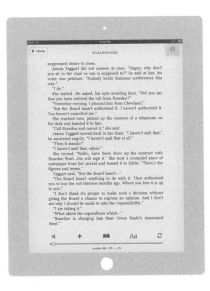

▲ 내비게이션 요소를 표시한 아이북스
앱(왼쪽)과 킨들 앱(오른쪽)

▼ 내비게이션 요소를 표시하지 않은 아
이북스 앱(왼쪽)과 킨들 앱(오른쪽)

고 넓은 공간에 텍스트를 띄운 것처럼 흘러간다.

킨들의 페이지 디자인에서는 내비게이션 요소가 각각의 컨텍스트에 포함되어, 자신의 라이브러리로 돌아오거나 좌우 여백에 북마크를 표시하는 등의 메타 조작이 독서에 방해가 되지 않는다. 내비게이션이나 문자의 크기를 바꾸는 등의 직접적인 조작 표시는 화면 중앙의 아래에 나타난다.

한편 아이북스는 메타 조작과 직접적인 조작을 뒤섞었다. 문자 부분의 바깥이 제멋대로인 메타포로 채워져 있다.

올리버 라이헨슈타인은 이러한 아이패드의 메타포를 조잡한 것으로 간주하고, 특히 아이패드에 그런 경향이 현저하다고 지적했다.[2]

첫 페이지부터 마지막 페이지까지 앱의 화면 좌우에 두께가 전혀 바뀌지 않는 페이지를 표시하는 것은 시각적으로 잘못되어 있을 뿐만 아니라 감각적으로 잘못됐고 이상하다. 조잡하다.

종이책을 메타포로 삼은 디자인이 진짜로 가치가 있는 것이라면 (예를 들어 실제로 남은 페이지 분량을 표시하듯이 종이의 두께가 바뀐다면) 이용 가치가 있을지 모르지만, 그것을 아무렇지 않게 애플의 유저 인터페이스에 집어넣는 것은 잘못된 일이다. 특히 이러한 메타포

2 Oliver Reichenstein, 「Designing for iPad: Reality Check(아이패드를 위한 디자인)」.

가 눈길을 끌기만 할 뿐 곧 질리게 만든다면 더욱 그렇다. 그것이야
말로 좋은 인터페이스 디자인이 지향하는(조용히 숙성시킨다는) 방향
과는 반대로 가는 것이다.

킨들의 앱은 이 조잡함에 빠지지 않았다. 최소한이나마 '책의 느
낌'을 지키면서도 깔끔하다. 페이지를 넘기는 표면적인 애니메이션
에서 화면의 구석을 불필요한 메타포로 어지럽히지 않았다. 내비게
이션 바를 감추면 시계도 꺼진다.(필요 없는 말일지 모르지만, 애플사 아
이북스 담당자 씨! 시계 붙이는 따위, 최악이라고 생각하지 않나?) 이 기계
를 사용하는 가장 큰 목적은 '읽기'에 집중하는 것 아니던가.

86쪽 사진은 양쪽 앱을 가장 선명하게 보여주는 화면이다. 과연
어느 쪽이 읽기 좋은가?

폰트

아이북스는 타이포그래피 측면에서도 문제가 많다. 〈폰트피드The
FontFeed〉의 스티븐 콜스는 아이북스 폰트의 종류(와 아이패드 전체)에
대해 다음과 같이 말했다.[3]

> 만약 출판사와 디자이너 쪽에 책의 폰트를 선택할 자유가 없다면—
> 샘 윅크는 그것이 원래 문제라고 말하지만[4]—유저 쪽에서 더 나은 폰

식자植字

트를 선택할 수 있도록 해야 한다. 그렇지만 아쉽게도 애플에는 (모노타입사의) Baskerville(바스커빌), Cochin(코친), Palatino(팔라티노), Times New Roman(타임스뉴로만), Verdana(버다나)[5]밖에 없다. 이 가운데 독서에 적합한 것은 팔라티노 정도라고 말할 수 있을 것이다.

킨들의 앱 역시 폰트 천국이라 말하기는 어렵지만 그래도 괜찮은 편이다. 콜스는 이렇게 말을 잇는다.

> 애플과 달리 그 부분에 대해 아마존은 제대로 기초 조사를 한 듯하다. PMN Caecilia(PMN체칠리아)는 타이포그래피 전문가 이외에는 그다지 알려져 있지 않지만, 읽기 편리함의 측면에서 가장 뛰어난 폰트의 하나로서 강약이 지나치지 않은 slab serif(슬라브세리프)체는 킨들과 잘 어울린다.

단말기들 간의 동기화

아이북스에 결여되어 있는 것은 오늘날 소프트웨어 디자인의 핵심 기능인 클라우드싱크cloud sync[6]다. 팀 오라일리도 〈뉴욕타임스〉 기사에서 애플에서는 신뢰성 높은 동기화 작업이 불가능함을 언급했다.[7]

3 Stephen Coles, 「What the iPad is Missing(아이패드에 없는 것)」.

4 Sam Wieck, 「Books, Typography and the iPad(책과 타이포그래피와 아이패드)」.

5 모두 유럽어 폰트.

6 어떤 단말기에서 접속해도 정보가 동기화되는 것.

7 Tim O'Reilly · David Gelernter · Liza Daly · Craig Mod · Sam Kaplan · Emily Chang · Max Kiesler, 「The iPad in the Eyes of the Digerati(컴퓨터 전문가가 본 아이패드)」, 〈뉴욕타임스〉, 2010. 4. 6.

아이폰과 아이패드 간의 미디어와 앱의 동기화에서 마무리가 허술하다. 애플 서비스에 유저를 불러들이기 위한 미끼 상품 같은 '모바일 미MobileMe'[8]가 고객의 극히 일부만 이용하는 부속 서비스로 팔리고 있다. 만약 애플이 이기고 싶다면 인터넷 서비스에서의 네트워크 효과를 더 잘 이해하지 않으면 안 된다. 승부를 위해서는 이익을 희생할 각오로, 초기의 주도권을 이용해 이용자를 지금까지보다 더 애플 서비스로 끌어들여야 한다. 그 기회를 놓쳐서는 안 된다.[9]

현재 시점에서는 킨들 앱이라면 잠들기 전에 아이폰을 사용해 침대에서 책을 읽을 수 있다. 다음 날 아침 아이패드를 꺼내 커피를 마시면서 간단히 마지막에 읽었던 곳부터 다시 읽기 시작할 수 있다. 만약 킨들 단말기를 가지고 있다면 출근길에 같은 책을 펴고 다시 다음 페이지부터 계속 읽을 수 있다.

단말기가 다양하게 증가하는 환경에서는 이러한 유비쿼터스 가능성 여하에 따라(언제나 동기화되어 있는 구글 도큐먼트처럼) 어떤 앱이 쓰기 쉬운지 또는 (페이지스Pages[10]에서 파일을 아이패드로 옮길 때처럼) 불편한지가 결정된다.[11]

쇼핑

아이북스에 한 가지 훌륭한 점이 있다면 바로 아이북스토어iBook Store

---

8   애플 회원이 대상인 클라우드 서비스.

9   모바일미는 그 후 아이클라우드iCloud
     로 바뀜.

10   Ted Landau, 「File Sharing with an
     iPad: Ugh!(아이패드에서 파일 공유: 웩!)」,
     〈더맥옵서버The Mac Observer〉, 2010.
     4. 6.

다. 아이북스 앱에 위화감 없이 포함되어 있어서 책을 보다가 사서 읽는 인터페이스가 잘되어 있다. 이것이 만약 킨들 앱이라면 아이패드나 아이폰에서 웹브라우저 없이는 어떤 책이 있는지 알기 어렵다. 앱 안에서 그대로 충동구매를 하는 것과 귀찮아서 싫다고 포기해버리는 것은 큰 차이가 있다.

그러나 아마존에는 킨들판이나 무료 시험판을 곧바로 아이패드·아이폰·킨들 단말기로 보낼 수 있는 발군의 인터넷 서점이 있다. 이것은 내가 언제나 노트북에서도 사용하는 기능인데, 애플의 우위도 일시적인 것일지 모른다. 아마존이 애플의 앱에서 그대로 살 수 있는 인터넷 서점 앱을 만드는 일이야 용이한 일이지만, 애플이 다기능의 인터넷 서점을 만드는 데는 시간이 걸리기 때문이다.

부끄러움!

물론 책을 읽기 어렵게 되면 제아무리 인터넷 서점이 훌륭하다 해도 방법이 없을 것이다. 내가 아이북스보다 킨들의 앱에 한 표를 던지는 것은 그쪽이 아직은 낫기 때문이다. 양쪽 앱 모두가 단순히 종이책을 스캔해서 만든 싸구려 PDF 파일을 겨우 면할 정도에 지나지 않는다. 만약 디지털화의 효용성을 최대한 살린 e리더를 원한다면 이제부터 다시 만들어야 할 것이다.

11 이러한 마켓플레이스가 독자들 사이에서 정착 중인 지금이야말로 세부적인 것이 중요하다. 킨들 앱은 아직 멀었지만 그래도 나는 아이폰에 인스톨해 사용한다. 어떤 의미에서는 아마존이 나를 둘러싸고 있다고도 할 수 있다. 아이북스로 읽을 필요도 없고 읽고 싶지도 않다. 아이북스토어의 구색과 가격이 아마존에 패배한 지금은 특히 그렇다.

정말로 원하는 e리더는

　성선설을 믿고 싶다. DRM디지털 콘텐츠 불법 복제·유통 방지 기술이 없는 책을 훔칠 것인가, 아니면 고만고만한 가격이 붙고 DRM이 없는 책을 살 것인가. 둘 중에서 하나를 선택하라고 한다면 대부분 사람들은 돈을 지불하는 쪽을 택할 것이다. 전부 '복사하여 붙이기copy and paste'를 해서 인터넷에 노출하지는 않을 것이라 믿고 싶다. 이런 전제가 없다면 전자책은 실현되기 어렵다.

　무엇이 이러한 e리더를 정의하는가? 라이자 데일리Liza Daly가 정리해주었다.

　　진정한 현대적인 e리더란, 웹에 긴밀히 직결되어 있어서 읽는 동안이나 읽은 직후에 사용자가 거기서 생긴 의문을 해결할 수 있어야 한다.

　이 표현이 상당히 마음에 든다. '의문을 해결한다'라는, 약간 애매한 표현이 좋다. 아마도 그녀 역시 웹 서치라는 의미로 쓰지는 않았을 것이다. 전자책을 펼칠 때마다 확장성을 가진 새로운 데이터가 구축된다. 독자의 의문을 받아들여서 그 데이터에 접근시켜주는 e리더여야 할 것이다.

　그 전에 앱이 무엇인가를 잊지 말아야 한다. 문장을 읽을 수 있는

공간이다. 그 기본적인 부분을 제대로 해두지 않으면 처음부터 씨름
할 가치가 없다.

e리더의 기초

종이책도 전자책도 그 핵심은 텍스트다. 북디자이너들은 오랜 기간 디자인이 텍스트를 그림자처럼 받쳐주는 역할을 할 수 있도록 이런저런 제약 사항을 만들어왔다. 책이라는 물건을 효용성 있고 우아하게 정보를 얻는 도구로 만들고 독자의 마음에 전달하도록 유념해왔다. 많은 유능한 타이포그래퍼가 알고 있는 사실, 바로 타이포그래피가 눈에 띄는 주역이 되어서는 안 된다는 점이다.

지금 나와 있는 e리더들은 이러한 원칙을 잊어버리고 있는 듯하다. 궁극적인 목적은, 가능한 의식하지 않고 자연스럽게 텍스트를 전달하는 것, 즉 힘들이지 않고 독자를 이야기 속으로 끌어들이는 것이다. 책을 읽는 묘미란 그런 것 아닌가.

마지막으로 e리더가 개선하지 않으면 안 되는 점은 이것이다.(이것은 로마자 책을 대상으로 한 문제 제기다.)

하이픈

왜 하이픈의 원칙이 적용되지 않는지 이해할 수 없다. 유칼립투스 Eucalyptus라는 아이폰용 앱에서는 하이픈을 그럭저럭 잘 활용한다. 애플이나 아마존도 가능하지 않을까.

울퉁불퉁한 오른쪽

이건 말할 필요도 없는 것인지 모른다. 어째서 대부분의 e리더에는 균형 배치 옵션이 붙어 있지 않은지 이해하기 어렵다.

더 스마트한 여백

한 행의 길이와 여백은 어떤 폰트를 쓸지, 얼마나 큰 문자를 쓸지, 그리고 화면의 형태나 크기에 깊게 관련되어 있다. 인스타페이퍼 Instapaper[12]처럼 독자가 문자 사이의 자간이나 여백, 문자의 크기 등을 선택할 수 있다. 그러나 독자는 타이포그래피 전문가가 아니므로 선택할 필요가 없다. 이러한 요소는 페이지 디자인의 기본으로 논리적인 밸런스에 기초한다. e리더에서 밸런스가 좋은 알고리즘을 정해 둘 일이다.

복사하여 붙이기

복사하여 붙이기가 되지 않는 것은 모독이다. 이유는 알 법하다.

책 전체를 간단히 복사하여 붙이기가 가능해지면 출판사 쪽에서는 큰일이다. 이런 우려 때문에 DRM 형식을 취한다.

교활한 사람들은 텍스트를 훔쳐서 보여주는 방법을 어떻게든 발견할 것이다. 그러지 못하는 우리들 대부분은 자유롭게 복사하여 붙이기가 불가능한 점이 대단히 불편하여, 어렵게 디지털화한 텍스트를 가공하거나 그 편리성을 활용하기 어렵다. 이러한 DRM은 이용자가 오른쪽 클릭으로 웹 화면을 저장하지 못하도록 자바스크립트를 사용하는 것과 마찬가지로, 결국 바보 같은 일이자 도움이 되지 않는다.

현재 시점에서는 인쇄된 책이 어떤 킨들 책이나 아이북스 책보다도 세심한 부분까지 고려하고 있어서 우아하다.

많은 전자책은 이상한 페이지 분할이나 깨진 표가 그대로 나오는 OCR 스캔에 지나지 않는다. 읽는 체험으로 치면 그만큼 열악한 매체에 종이책과 같은 값을 치르는 것은 바보 같은 짓이다. 단말기가 나쁜 것이 아니라 표현에 대한 배려가 부족한 탓이다. 전자책을 읽는 체험도 좀 더 기초를 굳건히 하면 좋을 것이다.

브링허스트Robert Bringhurst가 말한 것처럼, 타이포그래피는 읽는 계기를 마련하도록 눈을 끌어야 한다. 그러나 일단 눈을 끈 다음에는 읽히기 위해서 뒤편으로 돌아가지 않으면 안 된다. 즉 타이포그래피

한 행의 길이와 문자의 크기
―문자가 크면 폭도 커진다

The decorated storefront is a good overview of McGee's recent career—a diverse mix of influences from assorted aspects of American DIY culture: punk rock/hardcore, the San Francisco bike messenger/fixed-gear world, vernacular sign painting and graffiti. McGee stands front and center as an ambassador of a certain flavor of Bay Area culture to Japan, having exhibited repeatedly in Tokyo and continually bringing pieces of these assorted subcultures into his exhibitions. McGee has the street cred as well. Under his graffiti name, Twist, he has kept up a decades-long career as one of the most accomplished and respected graffiti writers on the streets, painting and tagging freight trains, mailboxes, walls and automobiles.

The decorated storefront is a good overview of McGee's recent career—a diverse mix of influences from assorted aspects of American DIY culture: punk rock/hardcore, the San Francisco bike messenger/fixed-gear world, vernacular sign painting and graffiti. McGee stands front and center as an ambassador of a certain flavor of Bay Area culture to Japan, having exhibited repeatedly in Tokyo and continually bringing pieces of these assorted subcultures into his exhibitions. McGee has the street cred as well. Under his graffiti name, Twist, he has kept up a decades-long career as one of the most accomplished and respected graffiti writers on the streets, painting and tagging freight trains, mailboxes, walls and automobiles.

The decorated storefront is a good overview of McGee's recent career—a diverse mix of influences from assorted aspects of American DIY culture: punk rock/hardcore, the San Francisco bike messenger/fixed-gear world, vernacular sign painting and graffiti. McGee stands front and center as an ambassador of a certain flavor of Bay Area culture to Japan, having exhibited repeatedly in Tokyo and continually bringing pieces

The decorated storefront is a good overview of McGee's recent career—a diverse mix of influences from assorted aspects of American DIY culture: punk rock/hardcore, the San Francisco bike messenger/fixed-gear world, vernacular sign painting and graffiti. McGee stands front and center as an ambassador of a certain flavor of Bay Area culture to Japan, having exhibited repeatedly in Tokyo and continually

The decorated storefront is a good overview of McGee's recent career—a diverse mix of influences from assorted aspects of American DIY culture: punk rock/hardcore, the San Francisco bike messenger/fixed-gear world, vernacular sign painting

The decorated storefront is a good overview of McGee's recent career—a diverse mix of influences from assorted aspects of American DIY culture: punk rock/hardcore, the San Francisco bike messenger/fixed-gear world, vernacular sign painting

하이픈—문자를 크게 하면 가독성이 달라진다

란 높은 투명성을 지녀야만 한다.[13]

현재의 e리더는 이미 주목을 받았다. 이제부터는 그 드높은 투명성을 목표로 삼아야 할 것이다.

네트워크(또는 e리더의 '소셜'적 특성)

마크 트웨인[14], 데이비드 포스터 월리스[15], 폴 랜드[16] 등 작가들의 서고를 찾아보면 책에 밑줄이 그어진 것들이 있다. 나는 이런 이야기를 매우 좋아한다. 무엇이 문호들의 눈길을 끌었을까? 밑줄이 그어진 것은 어떤 문장일가? 훔쳐보기 취미라 할지 모르지만, 글을 쓰는 사람이 매료된 문장이란 어떤 것인지 정말 궁금하다.

종이책을 읽을 때는 보통 밑줄을 긋고 메모를 쓴다. 페이지 모서리를 접어 표시를 남긴다.[17] 다 읽고 나면 책 뒤편의 흰 페이지에 생각을 써두기도 한다.

이런 버릇이 있는 것은 나만이 아닐 것이다.

집단 지성으로의 확장

생각해보길 바란다. 동일한 킨들 책을 1만 명이 읽고 밑줄을 긋거나 메모를 쓴다고 가정해보자. 이것을 집단 지성으로 본다면 재미있

13 Liz Danzico, 「As Transparent as Typography(타이포그래피의 투명성)」, 〈보블레이트Bobulate〉, 2007. 9. 6. http://iii.bobulate.com/2007/09/as-transparent-as-typography

14 Mark Twain, 「Self-appointed Literary Critic(마크 트웨인, 자칭 서평가)」, 〈뉴욕타임스〉, "여기서는 마크 트웨인

이 남긴 장서를 열람할 수 있습니다. 책을 펼쳐 보면 마크 트웨인은 읽는 책의 여백에 주석이나 수정문을 쓰지 않고는 못 배겼다는 것을 알 수 있습니다."

15 「What David Foster Wallace Circled in His Dictionary(데이비드 포스터 월리스는 사전에서 어떤 단어에 동그라미를 쳤을까?)」, 〈슬레이트〉, 2010. 4.

지 않은가? 내가 쓴 메모를 다른 킨들 사용자나 아이북스 사용자들이 읽기를 바란다면 그러한 시스템이 있어도 좋지 않을까.

1만 명의 독자가 밑줄을 친 부분이 얼마나 겹치는지 보고 싶다. 이 것이 진정한 '비법'인지도 모른다. 클리프노트CliffNotes의 데릭 사이버스가 정리해주지 않더라도(데릭, 미안!)[18] 서로의 밑줄 부분을 디지털로 읽을 수 있다면 그것이 가장 좋은 정리 아닐까?

모두가 날림으로 읽은 부분이나 반복해 읽은 부분이 '핫'과 '콜드' 같은 흔적으로 남는 것은 어떨까? 장황한 오바마 평전의 어떤 부분은 읽지 않아도 되는지를 알 수 있지 않을까?

스테판 자그마이스터Stefan Sagmeister가 무라카미 하루키의 신작을 읽고 밑줄 친 부분을 공개해주지는 않을까? 나 같으면 보고 싶다. 당신도 그렇지 않은가?

책을 샀을 때 다른 독자들이 얼마나 읽었는지, 도중에 그만두지는 않았는지 알고 싶은 때가 있다. 모두들 마지막까지 읽었는지, 중간에 책을 내던진 사람이 많지는 않은지 말이다. 얼마나 메모를 남겼을까? 어디에 밑줄을 그었을까?

이런 정보들이 축적되면 그 텍스트를 평가하는 궁극적인 지표가 될 것이다. 책이 디지털화되지 않았더라면 알 수 없거나 억측할 수밖에 없는 정보들이다. 이러한 정보에 접근해 분석하는 시스템이 있다

16 William Drenttel, 「Paul Rand: Bibliography as Biography(폴 랜드: 전기라는 참고 문헌)」, 〈디자인옵서버 Design Observer〉, 2003. 9. 3.

17 메모를 써넣은 페이지는 오른쪽 아랫부분을 접는다. 오른쪽 위는 책갈피 대신 접는다.(나는 페이지 접는 일을 예사롭게 한다.) 특히 중요한 페이지를 발견하면 왼쪽 아래를 접어두는 규칙을 정했다.

18 Dereck Sivers, 「Book I've finished recently(최근 내가 읽은 책)」.

면 좋을 것이다. 그리고 그 접근은 e리더에서의 독서가 매끄러워지는 데서 나올 것이다.[19]

나만의 책

이렇게 해서 밑줄이나 메모를 하면서 책을 읽은 다음 자기 나름의 정리를 해두면 좋을 것이다. 밑줄을 그은 부분과 메모만을 꺼내서 정리한 글을 자신에게 이메일로 보내거나, 경우에 따라서는 자동적으로 다시 레이아웃하여 POD publishing on demand. 주문형 출판 방식으로 인쇄해서 나만의 책을 만들어도 좋겠다.

e리더를 넘어서

전자책이 e리더에 구속될 필요는 없다. 텍스트라는 것은 정교하게 가공할 수 있다. 누구나 접근할 수 있고 열람할 수 있는 방법이 필요하다. 즉 전자책은 인터넷상에 있어야 한다. 아마존은 이것을 '내용 검색' 방법으로 실현했다. 저작권을 침해하지 않고 텍스트에 부분적으로 접근할 수 있는 시스템이다.

예를 들어 『글쓰기 생각쓰기』라는 책에서 마음에 드는 구절을 보았다고 치자. 트위터에서 지인들에게 알리고 싶다는 생각이 들면 킨들 앱에서 가능하다. 텍스트의 일부분을 하이라이트 표시를 하여 '공유'를 선택한다. 그러면 킨들에서 그 부분의 텍스트를 따와서 트위터

---

19 〈인핸스트에디션스Enhanced Editions〉가 이미 시행하고 있다. 그들이 추적하는 독서 행동은 어떤 페이지를 읽었는지, 언제 읽었는지, 몇 시간 읽었는지 등이다. 〈인핸스트에디션스〉의 피터 콜링릿지Peter Collingridge(당시 CEO)는 TOC(Tools of Change for Publishing)에서 뛰어난 강연을 선보였다.

ed, a journey, a narrative, and some new terms specific to it. I like seeing the way old words appear in new contexts as new clothes. Weirdly predictable material in a new world is expected. Remember how carrying a Porta-Pak was going to change everything? It's important to believe you redo it all with new techie toys, I guess, so even if the Internet carries old problems, it adds possibility, promise and dimension, some new problems, has effects no one can absolutely predict. Obviously your own little world is instantly changed, how you spend your time, whom you meet and what happens to you in cyberspace. You might learn to have different expectations, when people talk the talk, cyberspeak, a telegraphic shorthand. But how will sociality change—did the telephone change how people relate to each other, do we know? How will people's minds change or be changed? Technology and science are already so embedded in our thinking and lives, maybe it's impossible to recognize it. I keep remembering Wittgenstein's horror of science, his fury at the growing dependence on it.

Traveling into libraries, cool; I hated returning books (but library as physical space, as possible sanctum, will be missed; the idea will be missed). The ability to "access" knowledge replays the old Information v. Knowledge prizefight. What's knowledge? I can see, so can you, the movies, mixing animation with live action, the cyber world entering the "real" world, boring. A TV sitcom with the nerd at the computer, all the trouble he—maybe she—gets into. You know. But what's interesting is you can't encompass it, you ride it, surf it (I skim it), you choose. (You have to pick Echo, Panix, Netcom, America Online, Compuserve, one of the delivery systems first, which reminded me of another great

divide: IBM or Mac.) Immediately arresting a overwhelming, the magnitude. What you dec lurk around, voyeuristically, is self-evidentia has changed me. I get worse all the time.)

A showbiz gossip group—"Keanu Reev Garlock, has just issued a release stating that David Geffen and Keanu is not gay.... Any c

A group around dry cleaning—"All of ing labels that say 'Professionally dry clean c heard of an amateur dry cleaner? "Actually and perhaps still are, coin-operated dry-cle

"The Extropians"—"The Extropy Institu home page and a gopher site as well. Extr transhumanism, futurist philosophy, pers ical analysis of environmentalism...."

(I love the use of the word gopher; th places realized by a furry, furtive animal is phism.)

"Alt.Baldspot"—"Oh, my shiney head, writing to ask all of you what is the best ba ..."

See, one Alt.Baldspot member imagi us."

People join groups just for flaming, ment of apparent endlessness. The term's "Sticks and stones will break your bone harm you." Flaming's more abstract, eve maybe a play on "reaching out," which in

146

147

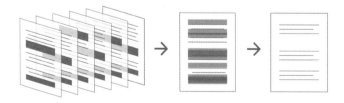

밑줄 부분 맵—독자들이 밑줄 그은 부분이 어디서 겹치는지 볼 수 있다

에 링크를 붙여준다. 팔로어는 이 링크를 따라 아마존 사이트의 지정된 페이지로 들어간다. 전후 문장을 읽어보고 재미있어 보이면 구입한다. 이미 그 책을 가지고 있다면 웹상에서도 읽을 수 있다.

새로운 독서의 기초

지금까지 독서라고 하면 종이책 안에서 시작되고 끝나는, 기본적으로 고독한 작업이었다. 하지만 더 이상 그렇지 않다.

여러 이유로 전자책에 기대를 하게 된다. 멀티미디어에 대한 기대가 아니다. 전자책의 보다 메타적인 가능성에 가슴이 뛴다. 리처드 내시가 말하듯이 '같은 책을 읽은 사람을 연결하는 일'[20]을 실현하는 것이다.

그러니 여기서 한숨 돌려, 스타일에만 집착하지는 말자. 스타일의 상점 같은 것은 없다.[21] 종이책을 다시 만든 것 같은 메타포는 아직 되돌릴 수 있을 때 그만두자.

그 대신에 기본으로 돌아가 타이포그래피나 페이지의 균형을 개선해야 한다. 생각이 미치지 못한 소셜 네트워크의 미디어 기능을 활용하자. 독자의 권리를 존중하는 것이야말로 새로운 캔버스를 탐험하는 입장에 서는 것이다.

20 「Nash on the future of publishing(내시가 말하는 출판의 미래)」, 〈북넷캐나다〉, 2010. 4. www.booknetcanada.ca

21 윌리엄 진서, 『글쓰기 생각쓰기』.

4장

초소형 출판

단순한 툴과 시스템을 전자출판에

나는 신을 본다. 확실히 움직이는 기기나 기계 속에서
—버크민스터 풀러

……ZIP 드라이브는 플로피를 삼켰다.
CD는 ZIP을 삼켰다.
DVD는 CD를 삼켰다.
SD카드는 필름을 삼켰다.
액정은 브라운관을 삼켰다.
전화는 전신을 삼켰다.
이메일은 대화를 삼켰다.
그리고 태블릿이 종이를 삼키려 한다…….

여기 테이블 하나가 놓여 있다.

가로세로 몇 백 미터나 되는 목제 테이블이다.

오래 썼고, 기름칠한 뒷마감.

오랜 수련을 쌓았다.

쓰기에 충분한 크기.

자, 하늘 아래 우리가 기다리는 전자출판 툴을 전부 그 테이블에 쏟아놓자. 인프라 설계, 타이포그래피, 플랫폼, 단말기가 쏟아져 나온다. 최소 단위로 분해해보자. 그리고 테이블에 진열해보자.

사다리를 가져온다.

테이블 옆에 둔다.

사다리에 올라 테이블을 내려다본다.

무엇이 보이는가? 무엇을 만들 것인가?

잡지

처음으로 〈더 매거진The Magazine〉을 봤을 때는 환한 웃음이 나왔다.

신중하고 매우 이치에 맞게 만들어졌다는 것을 한눈에도 알 수 있었기 때문이다.

그것은 마치 이상적인 모바일 출판물과 같았다. 쓸모없는 부분은 전혀 없고 오로지 필요한 것들만 모았다. 지금까지 놓쳤던 것. 해야만 할 것 이외에는 일절 손을 대지 않은 애플리케이션. 출판의 미래를 생각하는 사람들에게서는 "솔직히 말해 시시하네"라고 정말 미움받을 것 같은 앱.

그런 앱을 본 적 있다고 생각하겠지만, 정말 그럴까?

저명한 하버드 비즈니스스쿨 교수 클레이턴 크리스텐슨Clayton Christensen과 신문업계에 관해 대화하면서 조슈아 벤턴Joshua Benton은 다음과 같이 말했다.

장래의 파괴자들은 "대체로 질이 낮고 주목할 가치가 없다"[1]고 생각된다.

그럼 이제 주목해보자.

1 「Clayton Christensen on the news industry: "We didn't quite understand… how quickly things fall off the cliff"(클레이턴 크리스텐슨이 뉴스업계에 대해 말하다: "무서운 기세로 벼랑에서 굴러 떨어지는 것을 우리는 모르고 있었다")」, 〈니먼리포트Nieman Reports〉, 2012. 10.

the MAGAZINE

자동차와 출판

1967년 혼다의 N360이 베일을 벗었다.

N360은 꾸밈없는 경자동차, 초소형 자동차였다.

혼다의 기술자들이 몸을 맞대고 이야기를 나누는 광경을 상상하는 일은 즐겁다. 오래 쓴 목제 테이블 위에 역대 자동차 디자인과 생산기술을 늘어놓았다. 거기 모인 사람들은 모두 생각한다.

'이 재료로 만들 수 있는 가장 심플한 것은 무엇일까?'

이 물음으로부터 시작해 혼다는(1949년부터 오토바이 생산을, 1963년부터 자동차 생산을 막 개시한 이 회사는) 미니 쿠퍼에서 힌트를 얻어 차체에 오토바이에 쓰일 법한 엔진을 탑재했다. 31마력. 확실히 움직였다. 저렴한 가격. 리터당 16킬로미터의 연비.[2]

N360은 미국 자동차 회사에서는 결코 생각하기 어려운 제품이었다. 그렇다고 미국을 비판하기는 어렵다. 미국에서는 이런 제품을 생각할 만한 이점이 없었기 때문이다. 미국 자동차 업계와 달리 일본의 자동차 업계는 그때까지 업계의 동향이나 전통에서 도움을 받기 어려웠다. 그리하여 전통에서 별다른 도움을 받기 어려울 때 사람은 뻔뻔하고 당당하게 돌진할 수가 있는 것이다.

소프트웨어 업계에는 '실용 최소한의 제품(MVP, Minimum Viable

---

2   N360에 관심 있는 분은 위키피디아를 보기 바란다.(http://en.wikipedia.org/wiki/Honda_N360) N360을 배터리로 움직이도록 개조한 사람도 있다. 일본 출판사의 중역에게 N360에 대해 이야기했더니 그들은 기쁘게 웃으며 N360에 대한 애정을 그리운 듯 말했다. N은 '노리모노のりもの(탈것)'의 머리글자인데 '코로코로ころころ(대굴대굴)' 빠르게 움직이기 때문에 'N코로'라는 애칭으로 친숙하게 불린다.

Products)'이라는 용어가 있다. N360은 정말이지 실용 최소한의 자동차였던 것이다.

N360은 미국에서는 성공하지 못했지만, 같은 시기에 설계를 시작한 N600(그 귀여움은 N360과 거의 다르지 않다)은 성공을 거두었다. 다음으로 '시빅' 시리즈가 이어졌고, 그 직후에는 오일쇼크가 찾아왔다. 그 뒤의 행로는 여러분이 더 잘 알 것이다.

> 일본 자동차 업계는 저렴한 경자동차로부터 시작되었는데, 그것은 널리 농담으로 받아들여졌다. 그랬던 그들은 이제 렉서스를 만들고, 유럽이 자랑하는 최고 품질의 차에 도전하고 있다.[3]
>
> ―크리스텐슨, 스코크, 올워스

혼다는 자동차 업계에서 아무런 존재감도 없었다. 그러나 그들은 많은 소비자에게 적합한 자동차를 개발하고 발판을 굳히며 시장 점유율을 넓혀갔다. '초소형'을 만들어냈던 것이다.

그래서 나는 이렇게 묻고자 한다.
"초소형 같은 전자책은 무엇일까?"

3　Clayton Christensen · David Skok· James Allworth, Mastering the Art of Disruptive Innovation in Journalism(저널리즘에서의 파괴적인 이노베이션 방법을 알다), 〈니먼리포트〉, 2012. 10.

전자책의 현황

종이책이나 잡지는 그 형태 덕분에 직감적으로 읽는 방법을 알 수 있다. 독자가 선택하는 것은 두 가지, 즉 언어와 문화다. 그다음에는 오로지 계속 읽어나가면 되므로, 읽는 방식이란 것이 일목요연하다.[4]

태블릿이나 스마트폰에서의 읽기 방식은 일목요연하다고 말하기 어렵다. 일목요연하지 않기 때문에 이따금씩 읽기 방법을 설명하는 안내 책자가 필요해진다.

어째서 이렇게 복잡해졌을까?

호머

아마도 우리는 '호머화'하고 있는 듯하다.

〈더 심슨The Simpsons〉의 주인공 호머 심슨은 이상적인 자동차 디자인을 의뢰받자 '호머'를 만든다. 전권을 위임받은 호머는 자동차의 여러 부분을 추가한다. 클랙슨을 세 개로 하고, 어린이용 특별 방음 원형 시트 등을 설치한다. 즉 이미 자동차에 있는 것들에 더한 것이다. 클랙슨을 더, 컵 홀더를 더, 하는 식이다.

제품 개발에서 가장 단순한 발상이란 무엇인가를 더하는 것이다. 그것이 낡은 것을 새것처럼 느끼게 하는 가장 간단한 방법이다. 어려

---

4   2011년에 개최된 북스인브라우저스 *Books in Browsers* 회의에서 나는 '오로지 페이지를 넘기면 된다'는 생각을 제창했다.(www.youtube.com/watch?v=72169AfJvM4) 독서 앱도 종이책처럼 오로지 읽기만 하면 되는 직관적인 읽기 방식을 부여해야 한다는 것이다.

5   몇 십 년에 걸쳐 계속 나타났다고 해야 할 것이다. 기술적으로는 보다 좋은

단말기의 도래를 예상하여 전자출판의 툴과 인프라를 궁리, 세련미를 거듭 발전시켜왔다. 블로거*Blogger*가 출현한 것이 1990년대 후반이다. 라이브저널 *LiveJournal*이나 지오시티스*GeoCities* 도 나타났다. 이러한 플랫폼들에는 시대가 따라가지 못했다. 트위터 역시 그렇게 나타난 플랫폼의 하나인데, 아카이브에는 적합하지 않았지만, 어느

운 것은 제품을 '지금'이라는 시대적 컨텍스트에서 다시 생각하는 것이다. 제품이 개발되던 '그 시절'과는 상당히 바뀐 '지금' 말이다.

우리의 '지금'

출판업에 종사하는 사람들은 장기적으로 위기에 직면해 있다. 그러나 당연하게도 즐거운 일들도 일어나고 있다. 무시하기 어려운 새로운 출판 시스템(전통의 혜택을 입지 않고 동떨어져 있는 것)이 출현하고 있다. 그것도 차례차례로.5

수년 전에 출판 분야의 스타트업6을 시작하는 사람은 다음 두 가지 유형 중 하나였다.

1. 전통적인 출판 시스템으로부터 분리된 기술자
2. 기술자로부터 분리된 전통적인 출판 시스템 종사자

출판 스타트업이 지난 몇 년 사이에 필요로 한 것은 두 가지였다. 즉 인프라 설계나 제품 개발이 가능한 기술자, 그리고 콘텐츠를 관리하는 출판 시스템 종사자였다. 스타트업들이 찾았던 것은, 그리고 때

쪽인가 하면, 출판 카테고리보다는 방송 카테고리에 들어가지 않을까 생각한다.

6 '출판 스타트업'이 여기서 의미하는 바는 전통적인 출판과의 협력을 지향하는 것을 말한다. 즉 책이나 잡지라는 결과물을 고집하는 출판사를 가리킨다.(책이 어떤 형태든 말이다.) '그릇'에 집착하는 회사, 저자를 키우거나 여러 출판사와 협력하는 회사, 과거의 콘텐츠를 태블릿판으로 만들거나 태블릿용 콘텐츠 제작에 특화된 회사 등이다. 그들은 블로거나 워드프레스*WordPress*와는 다르다. 가까울 수도 있지만 역시 다르다. 여기에는 약간의 기술적인 결단의 차이가 있다.

때로 결핍되어 있었던 것은 양쪽의 공감이었다.

지금도 상황이 변하고 있다. 출판 종사자들이 다루는 콘텐츠의 중요성이 새로운 콘텐츠 창작자들의 출현 때문에 낮아지고 있다. 새로운 창작자들이 차례로 등장하고 있다.[7]

> 역사에 비추어 생각해보면 〈허핑턴포스트〉나 〈버즈피드BuzzFeed〉 등의 뉴스 집약 사이트로 시작한 신규 진입자들이 밸류 네트워크로 걸음을 옮기는 것은 놀랄 일이 아니다. 확실히 그들은 귀여운 고양이의 화면을 모으는 데서부터 시작했는지는 모르지만, 이제는 그 영역을 정치로까지 넓혀 정보의 집적자에서 오리지널 콘텐츠 생산자로 변모했다. 나아가 〈허핑턴포스트〉의 경우 그 보도로 퓰리처상을 수상했다.
>
> —크리스텐슨, 스코크, 올워스

좀 더 최근의 사례를 통해 이러한 트렌드의 진화를 살펴보자.

MATTER

2012년 11월 14일에 창간된, 바비 존슨Bobbie Johnson과 짐 자일스 Jim Giles가 만든 새로운 출판물 〈매터MATTER〉는 이 새로운 출판 트렌드 참여자들이 도달해야 할 퀄리티를 보여주는 하나의 지표가 될지 모른다.

---

7 여기에는 한마디 덧붙이지 않으면 안 될 게 있다. 물론 많은 출판 종사자가 여전히 중요하다. 그러나 '앞으로' 출판 스타트업을 시작하려는 사람들은 움직임이 느린 출판 시스템에 입각해 일을 하는 것에 흥미가 없으며, 새로운 콘텐츠 창작자들과 함께하는 것을 선호한다. 현재 스타트업 입장에서는 그 창작자들의 플랫폼이 되는 쪽이 기존 출판 종사자들의 플랫폼이 되는 것보다 훨씬 의미가 있다. 양쪽을 충족시킬 수 있다면 당신은 크게 승리할 것이다. 하지만 역사를 보면 그건 매우 어려운 일이다.

엠보싱 가공

2012년 3월 그들은 킥스타터Kickstarter에서 2500명의 지원자들로부터 14만 달러를 조달한다. 킥스타터는 IT계열 스타트업의 엔젤라운드angel round에 상당한다.[8]

이를 바탕으로 웹사이트를 만들고 작가와 사진가 들에게 의뢰하여 유료 콘텐츠와 질 높은 저널리즘이 교차하는 미개척지로의 모험을 시작했다.

그들은 말한다.

〈매터〉는 웹사이트도 아니고, 잡지도 아니며, 책을 펴내는 출판사도 아니다. 〈매터〉는 뭔가 다른 것—종이에서 디지털로 이행하면서 커다란 타격을 받은, 질 높은 저널리즘의 새로운 모델이다. 장문의 특집 기사를 한 편씩 팔거나 PC, 휴대폰, 전자책 전용 단말기, 태블릿 등 다양한 단말기에서 읽을 수 있도록 한다는 우리의 시도는, 좋은 기사를 생산하는 데 들인 커다란 노력에 대가를 지불한다는, 지속 가능한 방책이다.

웹사이트도 아니고, 잡지도 아니며, 책도 아니다. 무언가를 환기하는 말이다. 우리가 전자출판자로 활동하고 있는 애매한 세계를 적확하게 표현하고 있다.

창간호는 영어로 7826자였다. 샘플을 볼 수도 있고 0.99달러에 구

---

8   엔젤라운드에서는 자금 후원자에게 주식을 양도할 필요가 없다. 킥스타터의 커다란 장점이다. 〈매터〉 웹사이트는 http://medium.com/matter. 그들의 킥스타터에서의 프레젠테이션 모습도 살펴보자.(www.kickstarter.com/projects/readmatter/matter)

입할 수도 있다. 구입자가 받을 수 있는 것은 다음과 같다.

- 번거롭지 않은 웹 버전 콘텐츠
- 킨들, 아이패드, 기타 독서 단말기 버전
- 저자와의 질의응답 참가 권리

또한 그들은 회원권도 판매한다. 회원은 편집위원으로 참여할 수 있다.

〈매터〉는 가장 가치 있는 재산을 쌓아 올리려고 한다. 그것은 커뮤니티다. 그들은 야심 차고 재능이 넘친다. 그리고 그들은 빙산의 일각에 불과하다.

웹사이트도 아니고, 잡지도 아니며, 책도 아니다. 그것이 무엇이든 우리는 그러한 것들을 보다 많이 보게 될 것이다. 곧 말이다.

비즈니스에서의 스큐어모피즘

스큐어모피즘Skeuomorphism(장식 모사. 실생활에서 사용하는 도구의 질감을 모방하는 디자인 방식)은 원래 디자인에 관련된 것이다. 디지털카

메라에서는 옛날 카메라를 모방한 인공 셔터음이 나는데, 그 이유는 그렇게 하는 편이 기분이 좋기 때문이다. 전자책 앱에 종이책과 같은 페이지 넘기기 기능이 붙어 있는 것도 그렇게 하는 편이 보다 친근하기 때문이다.

이러한 스큐어모피즘은 비즈니스 모델에도 영향을 미치고 있다.

〈매터〉 같은 출판사는 옛 물건의 좋은 부분, 이를테면 편집 미학이나 기술 방식, 정교함 등을 활용하면서도 내용의 구성이나 유통 모델을 바꾸고 디지털에 적응시킨다. 이것은 결코 쉽지 않은 일이다.

비즈니스에서의 스큐어모피즘은 어떤 매체에 강하게 결합된 비즈니스를 다른 매체로 옮기는 결단을 내렸을 때 나타난다. 그건 의심할 여지가 없다. 스큐어모피즘은 출판 비즈니스에도 만연해 있다. 그 적절한 예가 잡지다.

뉴스스탠드에 진열된 표지를 보자.

어떤 잡지의 표지도 읽히는 것이 아니다. 이것도 디자인의 스큐어모피즘으로 보일지 모르지만 그건 아니다. 어느 디자이너도 뉴스스탠드의 표지를 보고 "완벽하다! 발송해!" 하고 말하지는 않을 것이다. 이런 사태는 비즈니스상의 결정과 전통에 따른 인프라 설계 때문에 주어진 것이다.[9]

전자잡지의 '표지'

카메라를 힘주어 당겨보면 사태는 보다 명료해진다. 일반적인 종이잡지는 다음과 같은 특징이 있다.

- 매호에는 열두 개 내지 그 이상의 기사가 실린다.
- (월간지라면) 매월 한 호 주기로 발행된다.
- 모든 기사는 한 권으로 묶여 동시에 발송된다.

이러한 특징의 대부분은 유통과 생산 시스템의 제약에 적응한 결과다. 인쇄와 제본에는 일정한 시간이 걸린다. 발송에도 또한 상당한 시간이 필요하다. 내용의 즉시성과 서가에서의 수명을 생각해보면 월간이라는 주기는 (경기가 좋을 때는) 정말 이치에 맞는 것일 수 있다.

낡은 것을 새롭게

그렇다면 왜 전자잡지는 종이잡지와 동일한 발행 주기, 동일한 기사 수로 발행하는 것일까? 거기다 동일한 표지를 사용해서. 물론 그것은 매체가 다르더라도 같은 스케줄로 맞추는 편이 간단하기 때문이다. 다시 디자인을 하지 않아도 되기 때문이다. 두 번씩이나(어쩌면 한 번도) 테스트를 하지 않고 끝나기 때문이다.

아쉽게도 (전자책 이용자 체험이라는 관점에서 보면) 전통적인 틀 위에서 성립하여 그것으로부터 혜택을 받은 듯한 전자잡지를 만드는

9 표지에 대해서는 2장 「표지를 해크하라」 참조.

일은 거의 불가능에 가깝다. 왜일까? 그것은 특히 우리가 태블릿이나 스마트폰을 종이책과는 전혀 다른 물건으로 취급하고 있기 때문이다.

새로운 출판 시장에 관여하는 하나의 이점은 복수의 미디어에 걸쳐 출판할 필요가 없다는 것이다.[10] 전자출판에 특화시켜 정면에서 사업을 펼칠 수 있고, 그렇게 하는 것이 바람직하기도 하다. 아마도 장차 시장 수요와 콘텐츠 품질이 보장된다면 전자출판물에 종이가 부수되는 식의 확실한 윤곽을 가진 작품집을 내는 것도 가능할 것이다.
그렇다면 이른바 전자책에 어울리는 특징은 무엇일까?

'초소형' 선언

초소형 출판의 툴은 무엇보다도 쉽다는 점에서 찾을 수 있다.
설명을 (거의) 필요로 하지 않는다.
보는 순간 바로 이해할 수 있다.
편집과 디자인은 디지털 유통과 소비를 고려하여 결정된다.

이것은 테이블 위에 출판 기술을 늘어놓고 다음 질문에 응답한 결

---

10 그렇지만 복수의 플랫폼에 대응할 수 있도록 해야 한다. 그건 또 별도의 문제이지만.

과다. 이 재료로 만들 수 있는 가장 단순한 툴은 무엇일까?

그것에 이름을 붙인다면 '리틀 N360'이 될 것이다.

초소형 출판 툴과 편집 미학의 특징으로서는 당장 다음과 같은 점을 들 수 있다.(이것이 전부는 아니다.)

- 적은 발행 분량(호당 3~7개의 기사)
- 작은 파일 사이즈
- 디지털 유통을 감안한 구독료
- 유동적인 발행 간격
- 스크롤(페이지 나누기나 페이지 넘기기 같은 페이지네이션이 불필요하다)
- 명쾌한 내비게이션
- HTML(계열) 기반
- 오픈 웹

이러한 특징은 상호 영향을 미친다. 각각 세부 사항을 살펴보자.

적은 발행 분량

제일 간단하고 가장 직관적으로 전자출판물의 윤곽을 실감하는

방법은 이용자에게 제시하는 데이터의 양을 제한하는 것이다.[11]

　20개의 기사가 들어 있는 전자잡지의 크기를 직관적으로 파악하는 것은, 예를 들어 다섯 개의 기사가 있는 전자잡지보다도 훨씬 어렵다. 기사의 수를 적게 억제하는 것은 파일 사이즈를 줄이거나 단순한 내비게이션을 만드는 것과도 연결된다.

작은 파일 사이즈

　속도는 최근 많은 소프트웨어에서 경시되고 있다. 전자잡지 역시 예외가 아니다. 속도(와 원활함 그리고 쾌적한 사용자 경험)는 '실용 최소한의 제품'을 만들 때 최대한 유념해야 할 사항일 것이다.

　파일 사이즈를 가능한 작게 하는 것은 제품의 속도를 높이는 하나의 수단이다. 호당 기사 수를 제한하면, 당연한 일이지만 파일 사이즈가 축소된다.

적정 구독료

　이상적으로는 전자책용 작품을 계속 만들기 위해 필요한 금액이 반영되어야 한다. 종이잡지에 영향을 받아서는 안 된다. 디지털이 먼저인 잡지라면 또 다른 장점도 있다. 종이에서 디지털로 변환하는 작업이 없으므로 불필요한 비용이 들지 않는다.

11　아마도 소비하기 쉽도록 데이터를 제한하는 방법을 가장 잘 활용하는 곳이 페이스북일 것이다. 페이스북의 뉴스 피드는 정보의 맥락화 그리고 데이터의 필터링 기능을 지닌 현대의 기적이라 할 만한데, 그 점은 거의 주목받지 못하고 있다. 이 알고리듬은 어느 이용자에게나 적용되고 있어서, 이용자에게 필요한 피드의 속도와 밀도를 가진다. 전통적인 출판계 담론과는 거의 관계가 없지만 계속 생각할 만한 가치가 있다.

유동적인 발행 간격

각 호의 사이즈가 줄어들면 발행 간격이 보다 유동적일 수 있다. 반복해 말하지만, 전자출판물에 윤곽을 부여하려면, 즉 잡지의 분량을 지각 가능하게 하려면 하루에 기사 열 개를 출판하는 것보다는 다소 느슨한 스케줄이라도 소수의 질 높은 기사를 내보내는 편이 낫다. 다루는 내용에 따라 다르겠지만, 일간은 지나치게 세분화되고 월간은 담아야 할 내용이 너무 많아질 수 있다. 주간 정도가 디지털 세계에서는 무난하게 느껴진다.

스크롤(현재)

2012년 북스인브라우저스Books in Browsers 회의[12]에서 내가 발표한 아이디어 가운데 가장 물의를 일으킨 것은 '페이지네이션을 배척하라'는 것이었다. 내가 모든 페이지네이션을 악이라고 말하는 것은 아니다. 잊지 않았으면 하는 것은, 여기서 이야기하는 것이 초소형 출판의 요점에 대한 것이라는 점이다. 그다지 관계가 없거나 복잡한 것은 우선 떨쳐내고 생각해야 한다.

나는 지난 2년 반 가까이 태블릿과 스마트폰에서의 스크롤과 페이지네이션에 대해 분석해왔다. 레이아웃에 좌우되지 않는 디지털 콘텐츠의 경우 페이지네이션은 간단히 가능할지도 모른다. 그렇지만 실제로는 그렇게 간단하지 않을 것이다.

12 웹브라우저를 독서 시스템으로 이용하는 것을 검토·추진하는 회의.

어떤 종류의 페이지네이션은 앱에서 무겁고 복잡하다. 아름답고 간단하며 디지털적이고 일관된 데다 빠른 초소형 앱을 만들려는 기술자들에게 페이지네이션은 너무 높은 장애물이다.

또한 페이지네이션을 배척해버리면 정말 심플한 내비게이션이 가능해지고, 나아가 이용자의 심리적 장벽도 낮출 수가 있다.

수준 낮게 할 요량이라면 페이지네이션은 없는 쪽이 낫다.

명쾌한 내비게이션

내비게이션은 일관되고 간단히 이해할 수 있어야만 한다. 초소형 출판의 애플리케이션에 들어 있는 '이용 방법' 페이지나 가이드는 필요하지 않다. 유명 연예인을 내세워 자랑스럽게 앱 사용법을 설명할 필요도 없다. 종이잡지나 책과 마찬가지로 직관적으로 알기 쉽도록 (발이 땅에 닿도록) 만들면 된다. 이용자가 헤매도록 하면 안 된다.

각 호의 기사 수를 제한하고 페이지네이션을 생략하면 복잡한 내비게이션에 빠지는 것도 피할 수 있다.

HTML(계열) 기반

내가 HTML이라 부르는 것에는 EPUB(이펍), Mobi(모비), 기타 HTML 계열 포맷도 포함된다. HTML이 모든 문자 콘텐츠(그리고 인터랙티브 콘텐츠)의 미래 포맷이 되고 있다는 점은 의심할 여지가 없다.

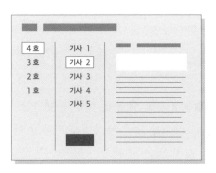

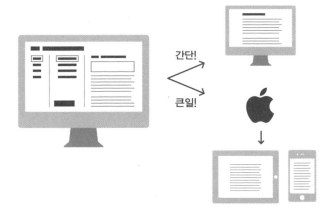

▲ 단순한 편집 시스템

▼ 웹에서의 출판은 간단하지만 태블릿에서는 힘들지 않게 출판하는 것이 불가능하다

초소형 출판도 HTML에서 시행함으로써 각 플랫폼으로의 이식성이나 내구성을 확보할 수 있다. 더구나 여러 컴퓨터 데이터베이스에는 고도의 HTML 렌더링 엔진이 내장되어 있으므로 기술자들의 부담도 최소화할 수 있다.

오픈 웹

이건 단순하다. 태블릿용으로 출판된 모든 콘텐츠는 그것과 동일한 내용을 접할 수 있는 장소를 오픈 웹상에 준비해야 한다.

공적인 어드레스를 갖지 않는 콘텐츠는 공유 기능을 갖춘 인터랙티브 웹상에서는 눈에 띄지 않으므로 세상에 존재하지 않는 것과 마찬가지다.

출판에서 '해결해야 할 문제'

『혁신가의 딜레마 The Innovator's Dilemma』의 저자 클레이턴 크리스텐슨은 고객과 제품의 관계를 '해결해야 할 문제 Jobs to be Done' 이론의 관점에서 분석하고 있다.[13]

그는 말한다.

---

13 '해결해야 할 문제'에 대한 상세한 사항은 http://jobstobedone.org 참조.

기본적으로 사람들은 뭔가 살 게 없을까를 찾으며 방황하지 않는다. 인생을 사는 대로 살다가 문제에 직면했을 때 비로소 해결책을 찾기 시작한다. 그리고 그때 사람들은 상품이나 서비스의 힘을 빌리려 한다. 이러한 관점에서 비즈니스를 볼 때 중요한 것은, 분석의 기초 단위로 삼아야 할 것은 고객이나 제품이 아니라는 점이다. '문제'가 중요하다.

그는 최근의 〈니먼리포트**Nieman Reports**〉에서 신문업계의 쇠퇴에 대해 언급하고 있는데, 거기에서 "커피를 사는 데 줄이 길어서 10분 정도의 시간을 허비해야 했다"라는 예를 들었다. '시간을 허비해야 하는' 문제에 직면한 사람들은 스마트폰의 힘을 빌려서 그 10분을 취미나 공부 시간으로 만들 수 있다.

보다 현대적인 문제

근래의 전자출판을 보면 아직은, 아직은, 아직은 만족하기 어려운, 해결해야 할 문제들이 있다. 오랜 기간 동안 나를 초조하게 만들었던 한 가지는 웹사이트, 저자, 출판사에 돈을 지불하고 '구독'할 때 좋은 방법이 없을까 하는 문제였다. 나를 홀릴 만한 새로운 저자를 발견했어도, 간단하게 그리고 디지털에 부합하는 방식으로 콘텐츠에 돈을 지불하는 일은 거의 없다.

RSS(Rich Site Summary)의 데이터 보존과 서비스 구조는 구독에 적합하지만, '일반' 소비자의 눈높이에서 보면 RSS란 게 무엇인지 알기 어려울 것이다.('깃허브github가 없는 깃git' 같은 것이리라.) 실제의 소비자들에게 다가서는 보다 좋은 RSS를 만드는 것이 문제 해결로 이어질 것이다.

이른바 '구독'은 송신 후 곧바로 도착하므로 손쉽고, 서비스 시기를 알 수 있으며, 제대로 작동하고, 보존 가능한 것을 말한다. '구독'은 내용에 대한 대가라는 측면도 있지만 실제로는 '구독' 문제에 대해 저자나 출판사가 제공하는 해결책에 돈을 지불하는 것이다. 우리는 결과적으로 내용을 받아 보는 것에 지나지 않는다.

시스템의 개요

먼저 컴퓨터상의 가장 단순한 편집 시스템에 대해 생각해보자.

세 개의 난이 있다고 치자. '호(발행 호수)'의 난, '기사'의 난, 그리고 '기사 내용'의 난이다. '호'를 클릭하면 그 호의 '기사'가 나타난다. '기사'를 클릭하면 그 기사의 내용이 나타난다. 그리고 '출판' 버튼이 있다. 그뿐이다.

그럼 어디에서 출판할 것인가?

오픈 웹

대부분의 콘텐츠는 누구나 접근 가능한 공개적인 어드레스를 가져야 비로소 이익이 생겨난다. 그러므로 어찌 생각하든 오픈 웹상에서 처음 출판해야만 한다.

그리고 그건 매우 간단하다. 우리는 지난 20년 가까이 그 방법에 익숙해져서 웹상에서의 출판 툴은 대량으로 준비되어 있다.

웹은 무엇보다도 읽기 쉽고, 앱 다운로드나 메일 구독을 유도한다. 그러나 무엇을 하든지 읽기 어렵게 만드는 일만은 하지 말아야 한다. 읽기 어려워지면 공유하기도 어려워진다.(읽기 어려운 것은 누구도 공유하고 싶어 하지 않는다.) 공유되는 것이야말로 웹상에서 출판하는 목적인 것이다.

태블릿과 스마트폰

컴퓨터(오픈 웹)에서의 출판은 간단하다. 태블릿과 스마트폰에서는 아직 어렵다. 태블릿과 스마트폰은 데스크톱이나 노트북과 사용하는 목적이 다르다. 스마트폰 이용자는 콘텐츠를 아삭아삭 베어 먹듯이 가볍게 소비하고 싶을 뿐이다. 언제든 웹이 콘텐츠에 접근하는 최단 거리의 방법이라고 하기는 어렵다. 웹에는 (대개) 캐시cache 기능이 없고 인터넷에 접속하지 않으면 이용할 수가 없다.

단순하게 생각하기 위해서 여기서는 iOS 단말기용 출판에 초점을 맞춰보자. 편집 시스템으로부터 자연스럽게, 매우 매끄럽게 독자들에게 콘텐츠를 전달하는 시스템은 없는 것일까…….

뉴스스탠드

아! 있지 않은가. 애플의 '뉴스스탠드'가.

어, 애플의 뉴스스탠드? "그거, 그 이상한 대용품들 모아놓은 곳?"이라는 말이 들리는 듯하다. 또는 "아, 한 번도 열린 적 없는 그거 말이지!"라는 말도.

뉴스스탠드는 아마도 태블릿의 짧은 역사 속에서 가장 덜 활용된, 그리고 가장 간과된 유통 툴일 것이다. 그러나 보는 시각이나 생각을 조금 바꾸어보면 뉴스스탠드의 마법 같은 힘을 깨달을 것이다. 뉴스스탠드는 자동 다운로드 기능을 갖추었고 오프라인에서도 사용 가능하며 캐시 기능도 갖춘 RSS 리더로서 구독에 적합한 도구다. 거기다 돈을 지불할 수도 있다.

뉴스스탠드는 '해결해야 할 문제'에 간단한 해답이 되고 있다.

〈더 매거진〉

여기서 다시 〈더 매거진〉을 살펴보자.

이 잡지의 크리에이터인 마르코 아멘트는 다음과 같이 말했다.[14]

〈더 매거진〉이 '잡지업계'에 속한다고는 생각하지 않는다. 블로그가 '출판업계'에 속하지 않는 것과 같은 이치다. 그것들은 예전부터 확립된 이미지이지만, 이 잡지는 보다 새롭고 실험적인 것이다.

그는 계속해서 다음과 같이 덧붙인다.

많은 아이패드 잡지는 종이잡지의 습관대로 불필요하게 많이 그리고 고가로 내용을 제공하고 있다. 디지털용으로 만들어진 잡지에서조차 종이잡지 시대의 여분의 요소가 필요하다고 생각해서 그대로 받아들였다.

어떤 의미에서 마르코는 새로운 N360을 탄생시켰다. 그는 진짜로 태블릿용 초소형 출판물을 디자인하여 프로그램으로 만든 것이다.

- 각 호의 기사 수는 4~5개
- 각 호의 크기는 몇 메가바이트 이하로. 다운로드에 몇 분 이상씩 걸리는 많은 전자잡지와 달리 몇 초 만에 다운로드 할 수 있다.
- 구독료는 월 1.99달러

14 Marco Arment, 「Fore Word」, 〈The Magazine〉, 2012. 10.

- 뉴스스탠드를 경유해 플랫폼으로 부드럽게 송신한다.
- 출판은 월 2회
- 페이지네이션 없는 애플리케이션
- 내비게이션은 일관되어 있고 완전히 직관적
- HTML 기반

유저 인터페이스(UI)와 사용자 경험(UX)

이것은 매우 간단하다. 메인 화면에는 세 가지 선택지가 있다.

- 위아래로 스크롤을 하여 기사를 읽어나간다.
- 오른쪽 위 버튼을 눌러 지금 읽고 있는 기사를 공유한다.
- 왼쪽 위의 햄버거 버튼을 눌러 목차를 표시한다.

그것뿐이다. 그것 말고는 무엇도 할 수 없다.

좀 더 깊이 생각해보면 기능을 더욱 줄일 수 있다. 공유 버튼을 쓸 일은 거의 없을 것이다. 햄버거 버튼(사이드바 메뉴) 역시 여분이다. 왼쪽에서 오른쪽으로 스와이프하면 목차가 표시되므로.

〈더 매거진〉은 이용법 안내 페이지나 가이드 비디오가 필요하지 않다. 이 앱은 지금까지 우리에게 익숙한 종이책의 직관적인 이용법을 모방해 만들어졌다.

햄버거 버튼

각 호

각 호의 사이즈를 줄이기 위해 〈더 매거진〉은 목차의 복잡함을 생략했다. 각 기사의 길이를 '축소 표시'하거나 약도에 나타낼 필요가 없다. 호당 네 개 또는 다섯 개의 기사뿐이라면 독자는 대략의 분량을 직관적으로 파악할 수가 있다. 목차는 간단한 목록만으로도 좋다.

각 호는 스와이프하면 삭제할 수 있고, 일람표에서도 손쉽게 삭제할 수 있다. 삭제한 호를 탭(터치)하면 금세 다시 다운로드할 수 있다.

링크

〈더 매거진〉은 링크 취급도 뛰어나다. 링크를 탭하면 링크의 주석 판이 화면 아래에 나타난다.(아이패드의 경우는 팝 오버로 표시된다.) 각주를 효과적으로 사용할 수 있다. 저자는 링크 내용을 요약하고, 독자는 그것을 보고 본래의 URL로 접근하고 싶을 땐 다시 한 번 탭을 해서 그 사이트를 방문할 수 있다.

결과적으로 매우 '안정된' 독서 환경이다. 거기에는 잘못해서 누를 버튼도 없다. 어디에 있는지 알기 어려운 혼란 같은 것도 없다. 〈더 매거진〉에는 두 가지 공간밖에 없다. 기사를 읽는 화면, 그리고 옆으로 스와이프해서 나오는 심플한 목차뿐이다.

뉴스스탠드

〈더 매거진〉을 보고 가장 놀라게 되는 것은 애플의 뉴스스탠드를 활용하는 방법이 아닐까 한다. 뉴스스탠드는 두 개의 결정적인 기능을 지니고 있다.

- 콘텐츠 자동 다운로드
- 정기 구독

서드 파티(제3의 업체)가 개발한 앱의 갱신된 내용이 자동으로 다운로드가 되는 것은 iOS 중에서 '뉴스스탠드'뿐이다. 이것이 무엇을 말하는가 하면, 마르코가 〈더 매거진〉의 출판 버튼(이름이야 어떻든 그에 상당하는 버튼)을 누르면 거의 동시에 새로운 기사를 뉴스스탠드에서 읽을 수 있다는 것이다. 즉 읽는 사람은 비행기나 지하철에 타기 전에 서둘러 최신 정보로 갱신할 필요가 없다. 최신호가 나오면 캐시된 데이터가 당신을 기다리므로 오프라인에서 즐기면 된다.

뉴스스탠드는 또한 복잡함을 줄여 안심할 수 있는 시스템을 갖고 있다. 우리는 마르코가 아니라 애플에 돈을 지불한다. 이 시스템에 따라 독자는 자유롭게 구독을 시작할 수 있고, 그 후에는 자연스럽게 자동 갱신되는 월정액 지불 화면으로 이동할 수 있다.

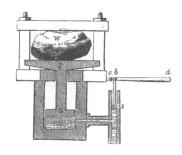

액압 프레스

오픈 웹

마지막으로 (당연하게도) 〈더 매거진〉은 웹에서도 공개된다.

the-magazine.org는 두 가지 점에 초점을 맞춰 최소의 장비로 최대의 효과를 지향한다. 읽도록 하는 것, 그리고 다운로드하도록 하는 것이다.

현 단계에서는 모든 기사를 온라인에서 읽기는 어렵다. 제발 전문 공개와 부분 공개 방식으로 시도되길 바란다. 내 직감으로는 전문 공개를 해도 앱을 다운로드해서 구입하는 사람의 수는 달라지지 않을 것 같다. 하지만 전문 공개를 하면 공유하는 사람은 비약적으로 늘어날 것이다.

이용자는 부분 공개보다는 전문 공개한 기사를 공유하려는 경향이 훨씬 강하다. 공유하는 숫자가 늘어나면 사이트를 방문하는 사람도 증가한다. 사이트 방문자가 늘어나면, 컨버전 비율(고객 전환율)이 바뀌지 않는다면 다운로드나 구독자 수도 증가한다.

크리스텐슨의 '해결해야 할 문제'의 관점에서 보면 독자는 단지 기사 전문에 비용을 지불하는 것이 아니라 〈더 매거진〉이 제공하는, 캐시가 되고 간단하며 세련되었고 나아가 접근성이 좋은 독서 체험에 기쁘게 비용을 지불하는 것이다.

"콘텐츠는 출판되어 어디로 가는가?"

초소형 편집 시스템이 제기한 물음에 〈더 매거진〉은 아주 작은 화면으로 답하고 있다.

간결함

〈더 매거진〉의 간결함에 가슴이 뛴다. 간결할 뿐만 아니라 기존 출판 종사자들이 주저하던 앱이어서 더욱 가슴이 뛴다. 우리는 이런 것을 기다렸다. 다시 크리스텐슨을 인용한다.

일반적으로 파괴적인 테크놀로지는 중심 시장에서 확립된 종래의 제품에 비해 성능이 약하다. 그러나 거기에는 작은 (그리고 대개는 새로운) 고객 가치가 담겨 있다는 별도의 이점이 있다. 파괴적인 테크놀로지에 토대한 제품은 대체로 기존의 제품보다 값싸고 단순하며 작고, 그리고 많은 경우 사용하기 편리한 것이다.

우리는 새로운 고객이다. 새로운 독자이며 새로운 저자이고 새로운 판매자다. 〈더 매거진〉은 다른 앱보다 싸고, 단순하며, 작고, 사용하기 편하다.

〈더 매거진〉의
메인 페이지

〈더 매거진〉과 같은 미니멀한 그릇이 탐구심 왕성한 〈매터〉의 편집 미학과 연결되는 것은 상상하기 어렵지 않다. 여기에서 보다 매력적인 것이 생겨날 것이다.

그럼 어째서 〈매터〉는 뉴스스탠드에서 출판하지 않는 걸까? 그것은 뉴스스탠드에 'iOS 애플리케이션을 만들어야 한다'라는 최대의 장애물이 있기 때문이다. 출판을 지향하는 많은 이들에게 앱 제작은 대단히 많은 비용이 드는 시도다. 그리고 좀 더 골치 아픈 것은, 출판을 지향하는 이들이 대개 소프트웨어에 어둡다는 점이다.

프로그래머인 마르코가 가장 '디지털용'다운 태블릿 출판물을 간행했다는 사실은 다음의 두 가지를 시사한다.

1. 프로그래머는 현대의 기술자다. 많은 업계에서 그것은 명확한데, 드디어 출판계에서도 그 점이 분명해지고 있다. 마르코가 빠른 시간에 〈더 매거진〉을 만들어낼 수 있었던 것은 뉴스스탠드가 충분히 활용되지 않았다는 점, 그리고 그 가능성이 잠재되어 있다는 점을 알고 있었기 때문이다. 그리고 그것을 안 것은 그가 프로그래머였기 때문이다. 뉴스스탠드가 발표된 것은 출판 컨퍼런스에서가 아니었다. 뉴스스탠드는 WWDC(세계개발자회의)에서 발표되었다.

2. 출판 생태계는 지금 완전한 붕괴에 직면해 있다.

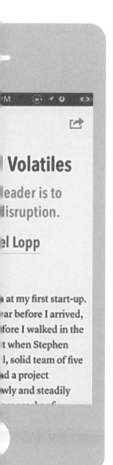

단순하고 직관적이며 분량을 가늠할 수 있는 목차

폴 그레이엄은 「스타트업의 아이디어」라는 에세이에서 마르코 같은 프로그래머를 가리켜 '자발적 생산자'라고 지칭했다.[15]

해크 방법을 알고 있다는 것은 아이디어가 떠올랐을 때 그것을 실천할 수 있다는 것이다. 그렇게 하는 일이 절대적으로 필요하다는 것은 아니지만(제프 베조스도 할 수 없었다) 이점이기는 하다. 그것은 커다란 장점이다. 학생들의 얼굴 사진을 온라인에서 공개하는 아이디어를 생각해냈을 때 '그거 재미난 아이디어다' 하고 생각할 뿐만 아니라 '그거 재미난 아이디어다. 오늘 밤에 시험판을 만들어보자' 하고 생각할 수가 있다. 자기를 프로그래머일 뿐 아니라 이용자로 상정한다면 더욱 좋다. 왜냐하면 그렇게 함으로써 새로운 버전을 만들어 이용자들에게 시험해 보는 사이클이 하나의 머릿속에서 가능하기 때문이다.

마르코는 그냥 출판에 뜻을 둔 엔지니어가 아니다. 그는 초소형 출판계의 큰 인물이다. 그는 이른바 '출판' 종사자들의 범위 바깥쪽에서 행복하게 살고 있다. 그런 자세로 팟캐스트나 잡지, 독서 앱, 독서 목록의 큐레이션 등을 하며, 그 모든 것을 작은 그릇에 단순한 도구로 담아 발표하고 있다.

미래 출판계의 파괴자가 되려면 테크놀로지에 눈을 뜰 필요가 있다. 자신이 테크놀로지와 어울리지 않는 사람일지라도 말이다.

15 Paul Graham, 「Startup Ideas」, paulgraham.com, 2012. 11.

파괴와 혼란의 한가운데에서

우리는 지금 분수령에 서 있다. 기술적인 도구와 시스템의 홍수가 밀려오고 있다. 그것들은 이제까지의 출판 시스템과는 관계가 없고, 이제부터 용솟음칠 새로운 판도와 관계가 있다.

폴 그레이엄의 에세이를 다시 인용해보자.

> 스타트업이 기존 시스템을 삼킬 때, 대체로 스타트업은 대기업이 무시하는 작지만 중요한 시장에 봉사하는 것에서부터 시작한다. 대기업의 태도에 경멸과 같은 것이 보인다면 특히 좋다. 왜냐하면 그러한 경멸은 대기업을 잘못된 방향으로 이끌기 때문이다.

현재의 툴은 아직까지 날림에다 촌스럽기까지 하다. 과거에 얽매여 있다. 〈더 매거진〉은 뉴스스탠드(활용되지 않는 기존의 툴)를 디지털에 적합하고 원활한 서비스 툴로 활용한 초소형 출판에서 처음으로 뛰어난 사례다.

많은 출판사가 이와 비슷한 잡지를 만들지 않았다면 놀랄 일이다. 아니, 오히려 그걸로 좋은 일인지도 모른다. 〈더 매거진〉처럼 뉴스스탠드용 앱을 최소 비용과 노력으로 누구나 만들 수 있는 시스템을 누군가 만들어준다면 말이다.

무시하는 것은 간단하다.
경멸하는 사람도 많다.
하지만 세계를 뒤흔드는 쪽 사람이 되는 것은 어떨까?

 전자출판의 나사와 스프링, 드라이버와 볼트를 가져와서 낡은 테이블 위에 펼친다. 사다리에 올라가서 테이블을 내려다보며 자신에게 묻는다.
 '어떤 초소형 출판을 할 것인가?'

5장

킥스타트업
킥스타터닷컴에서의 자금 조달 성공 사례

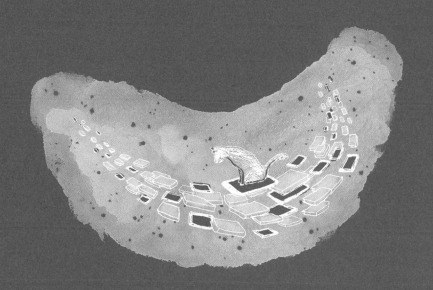

2만 4000달러를 30일에

방 가득한 책을 60일에

새로운 형태의 출판을 90일에

출판은 어디로 가는가?

우리에게는 킨들, 아이패드, 아이폰, 안드로이드가 있다. POD인 쇄는 저렴하고 이용하기가 편리하다. 모두가 아마존닷컴에서 물건을 산다. 대부분의 책을 클릭 한 번으로 손에 넣을 수 있다.

오늘날 출판계는 '?'의 나무들에 둘러싸여 있다. 무엇을 가지고 아름다운 책이라 하는가? 그건 인쇄된 것인가? 디지털인가? 아름다운 책을 만들려면 얼마나(시간이, 돈이, 수고가) 드나? 어떻게 독자에게 전달할 것인가?

이렇게 다양한 의문이 떠오르는 것은, 지금 우리의 눈앞에 다양한 선택지가 놓여 있기 때문이다. 인쇄, 홍보, 판매가 낮은 비용으로 가능해지면서 출판으로의 진입 장벽이 상당히 낮아졌다.

미디어는 선택하는 것.
독자는 만드는 것.

그리고 이제는 킥스타터[1]를 이용하여 자금을 모으는 일도 가능해졌다.

여기서 나는 책의, 출판의, 자금 조달의 시드캐피털seed capital(벤처 투자) 이야기를 공유하고 싶다. 이 이야기를 읽으면서 이러한 주제에 대한 생각이 바뀔 수 있기를 바란다. 그리고 또한 이 이야기가 하나의 템플릿(견본)이 되기를 바란다.

2010년 4월 애슐리 롤링스Ashley Rawlings와 나는 크라우드펀딩crowd funding을 통해 2만 4000달러에 가까운 자금을 조달했다.[2] 우리가 쓴 책 『아트 스페이스 도쿄Art Space Tokyo』를 다시 출판하기 위해서였다. 여기서는 우리가 무엇을 했는지, 어떤 의도를 갖고 있었는지 그 개요

---

1   미국의 크라우드펀딩 서비스의 하나.
    http://kickstarter.com
2   아마존(3퍼센트)과 킥스타터(5퍼센트)의
    수수료를 제외하면 2만 1000달러가
    약간 넘는다.

를 설명하고자 한다. 의욕이 넘쳐서 근질근질한 어딘가의 훌륭한 이야기꾼이 영감을 얻어 우리와 같은 길을 걷게 되기를 바란다. 아름다우면서 배려로 가득 찬 책이 이 세상에 태어나기를 바란다.

이야기는 2010년 3월 29일 오후 10시 18분부터 시작된다. 그 순간 뉴욕 브루클린의 아파트에 살고 있는 한 여성이 도미노 최후의 한 조각을 넘어뜨렸다. 그녀의 65달러 지원이 1개월에 이르는 자금 조달 과정에서 도화선에 불을 댕겨, 한 방 가득 찰 만한 하드커버 책과 출판 싱크탱크를 낳았으며, 아이패드용 전자책의 실험을 개시하는 계기가 되었다. 아, 그뿐 아니라 이 에세이를 쓰는 계기도 되었다.

프로젝트 '아트 스페이스 도쿄'

그 일은 한 권의 책으로부터 시작되었다.

『아트 스페이스 도쿄』는 도쿄의 잘 알려지지 않은 갤러리나 미술관을 소개하는 가이드북이다. 편집자이자 공저자인 애슐리 롤링스와 함께 2008년에 제작했다. 책은 1년도 지나지 않아 모두 팔렸지만 증쇄는 하지 않았다.

제작에 엄청난 노력을 쏟아부은 이 책은 우리에게 귀중한 작품이다. 또한 나에게는 특히 중요한 책이다. 왜냐하면 이 프로젝트는 출판이나 인쇄 그리고 물건으로서의 책에 대한 나의 이념을 체현한 것이기 때문이다.

「'아이패드 시대의 책'을 생각한다」[3]를 쓰고 있을 때 주로 염두에 두었던 것은 『아트 스페이스 도쿄』였다. 『아트 스페이스 도쿄』는 전체적으로 완성된 출판물이다. 편집, 디자인, 제본에서 장인의 기술이 곳곳까지 닿은 상당히 균형감 있는 책이다. 완벽하다고는 하기 어려울지 모르지만 완성한 뒤에는 자랑스럽게 여겼고 지금까지도 그것은 변함이 없다.

2009년에는 줄곧 출판에서 디지털과 아날로그가 수렴하는 지점에 대해 생각했다. 그리고 2010년에 들어서는 그 주제에 대해 공개적인 장에서 이야기하거나 기사를 썼다. 독립적인 출판의 세계에서 악전고투를 거듭해온 나라면, 동료들을 자극하여 누구도 벗어나지 못하는 출판업계의 인습을 개선할 수 있을지 모르겠다고 생각했다. 우리 중 다수는 대중 시장을 상대로 한 출판사인 것처럼 생각해왔다. 실제로는 그렇지 않은데도 말이다.

2010년 봄, 몇 가지 우연히 겹치면서 『아트 스페이스 도쿄』의 출판권을 되돌려 받았다. 그것은 매우 가슴 뛰는 사건이었다. 내가 지금까지 써왔던 것을 실행에 옮길 기회라고 생각했다. 인쇄의 장점을 최대한 살린 종이책을 만드는 것, 그리고 다양한 '명확한 형태가 있

---

3   이 책의 1장.

▶   우리가 새로운 생명력을 불어넣고 싶
     다고 바라던 책. 결국 우리는 성공했다.
     손에 넣고 싶은 분은 artspacetokyo.
     com으로!

SCAI The Bathhouse

는 콘텐츠'(인터뷰, 지도, 에세이, 일러스트, 표 형식의 데이터 등)4를 전
자책용으로 최적화하는 것이다.

출판권을 되돌려 받은 나에게 남겨진 문제는 단 한 가지였다.
어떻게 해서 출판 자금을 모을까?

자금 조달의 친구 '킥스타터닷컴'

2009년 중반에 킥스타터의 이야기를 듣는 순간 나는 그것을 이용
하고 싶어졌다. 다만 어떤 기회에 이용할지는 아직 결정하지 못하고
있었다. 하지만 그건 사소한 문제였고, 『아트 스페이스 도쿄』의 출판
권 획득이 그 문제를 해결했다.

킥스타터닷컴은 크라우드펀딩을 하는 사이트다. 계정을 만들고
프로젝트의 세부 사항을 명기한 다음 자금 조달 기간과 목표 금액을
설정한다. 아마존닷컴 계정을 갖고 있는 사람이라면 세상 누구라도
프로젝트에 금전 지원을 할 수가 있다. 지원 금액도 몇 단계로 나뉘
어 있어서 금액에 따른 회수 기회가 있다. 기간(변경할 수 없다) 내에
미리 설정한 목표 금액(변경할 수 없다)에 도달하지 못한 경우에는 누
구도 돈을 내지 않는다. 설정 기간보다 전에 목표 금액에 도달한 경

우에는 마지막 날까지 계속해서 자금을 모을 수 있다.

이 시스템은 몇 가지 측면에서 흥미롭다.

배커**backer**(프로젝트 후원자)는 본래 손해를 볼 일이 없다. 프로젝트가 달성되지 않으면 돈을 지불하지 않아도 된다. 달성됐을 때는 수익을 받을 수 있을 뿐만 아니라 프로젝트 달성 과정을 지켜보는 만족감을 얻을 수 있다.

이러한 매끄러운 프로세스는 킥스타터가 아마존닷컴을 통해 지불함으로써 실현된 것이다. 아마존닷컴은 거기서 상품을 받아 건네주고 대금 지불을 하는 제3자 기관(에스크로 서비스)으로 기능한다. 목표 금액을 달성하면 설정한 기간이 지나는 순간에 마법처럼, 자동적으로 돈이 지불된다.

창의적인 프로젝트에서 금액을 설정할 땐 세 가지 포인트가 있다.

- 만들고 싶은 것의 최소 규모를 정확히 파악해둘 것.
- 최소한의 목표를 달성하기 위한 비용을 계산해둘 것.
- 소셜 네트워크의 힘을 판별할 것. 즉 현실적으로 금액이 얼마나 모일지를 생각해둘 것.

마이크로 시드캐피털

킥스타터에서의 프로젝트 목표로 어떤 경우든 제외할 수 없는 것이 있었다. 실물을 수익으로 건네줄 만큼만 인쇄할 것. 그리고 그 수익을 『아트 스페이스 도쿄』나 비슷한 출판 기획의 확대로 연결할 것.

책을 조금 팔고 끝낼 생각은 전혀 없었다. 킥스타터에서의 프로젝트를 『아트 스페이스 도쿄』 재발행의 시작이자 마지막으로 삼는 것은 절대로 싫었다. 『아트 스페이스 도쿄』와 같은 정신을 가진 프로젝트가 속속 생겨나는 돌파구로 삼고 싶었다. 전자책의 탐구와 그것을 지향하는 출판 스타트업이 지원을 얻을 수 있는 계기로 만들고 싶었다.

즉 나는 이것을 마이크로 시드캐피털(소액 벤처 투자)이라고 생각했다. 킥스타터에서의 자금 조달을 이 시점에서 생각하지 않으면 크라우드펀딩의 가장 큰 가능성을 놓치는 것이다.

킥스타터와 같은 크라우드펀딩을 통해 사람들은 당신의 아이디어에 사전 투자를 한다. 분명히 그들은 형태가 있는 것(CD, 영화, 책 등)을 사는데, 그 이상으로 그들은 당신이라는 창작자를 믿기 때문에 돈을 지불하는 것이다. 간단히 달성할 수 있는 목표의 다음을 생각할 때 당신은 그 돈을 사용해 아이디어를(프로젝트를) 처음 마음에 그렸던 것보다도 더욱 멀리까지 밀어붙일 수가 있다. 그러므로 어떤 경우든 자신이 아이디어의 당사자라는 점을 포기하지 않아도 된다. 여기에서(아이디어의 당사자라는 것을 포기하지 않고 버틸 수 있는 마이크로 시드캐피털이라는 것에서) 킥스타터에서의 자금 조달 가능성은 확대되고 있다.

가격대를 정한다

킥스타터에서의 지원 가격대 설정은 먼저 다른 성공 사례를 연구하는 것부터 시작했다. 2010년 3월까지 킥스타터에서 상위 20~30위의 프로젝트 데이터를 모아 가격대별 지원자 수, 합계 금액, 전체 지원금에서 차지하는 비율을 일람표로 만들었다. 154쪽 표 가운데 굵은 글자의 칸이 합계 금액 톱 5의 가격대다.

이 데이터는 물론 완벽한 것과는 상당한 거리가 있다.(예를 들어 모든 프로젝트가 표에 실린 가격대를 설정했던 것은 아니다.) 그러나 사람들이 어느 정도의 가격대를 받아들이기 쉬운지 알기에는 충분하다.

50달러의 가격대가 가장 많아서 전체의 약 25퍼센트를 차지한다. 놀랍게도 그다음은 100달러가 16퍼센트로 그렇게 멀지 않은 2위를 차지하고 있다. 25달러도 역시 일정 숫자가 있는데, 이 데이터에서 주목해야 하는 것은 사람들이 마음에 드는 프로젝트에 대해서는 50

가격대	지원자 수	합계 금액	비율
$10,000	2	$20,000	5.58%
$7,500	1	$7,500	2.09%
$2,500	6	$15,000	4.19%
$2,000	2	$4,000	1.12%
$1,500	1	$1,500	0.42%
$1,000	12	$12,000	3.35%
$700	9	$6,750	1.88%
$500	**60**	**$30,000**	**8.37%**
$300	8	$2,400	0.67%
$250	**92**	**$23,000**	**6.42%**
$200	25	$5,000	1.40%
$150	142	$21,300	5.94%
$125	14	$1,750	0.49%
$100	**586**	**$58,600**	**16.35%**
$80	20	$1,600	0.45%
$75	2	$150	0.04%
$60	40	$2,400	0.67%
$50	**1,699**	**$84,950**	**23.71%**
$35	14	$490	0.14%
$30	489	$14,670	4.09%
$25	**1,253**	**$31,325**	**8.74%**
$20	134	$2,680	0.75%
$17	94	$1,598	0.45%
$15	248	$3,720	1.04%
$12	37	$444	0.12%
$10	352	$3,520	0.98%
$5	391	$1,955	0.55%
합계	5,733	$358,302	

달러나 그 이상의 금액을 지불하는 것도 마다하지 않는다는 점이다.

100달러를 넘겨 250달러나 500달러에서도 동일하다. 그런 가격대의 합계 금액은 다른 고高가격대에 비해 높은 비율을 차지한다.

좀 낮은 가격대(25달러 미만)는 통계적으로 유의하지 않기 때문에 (합산을 해도 전체의 50퍼센트에 미치지 않는다) 선택지에서 제외할 것을 권한다. 물론 그것은 프로젝트에 따라 다르다. 5달러의 가격 설정이 의미가 있는 경우도 있을 것이다. 다만 여기서 중요한 것은 데이터로 보면 사람들은 25달러쯤 지불하는 것을 선호한다는 것이다.

가격대를 너무 많이 만들면 지원자가 줄어들 것이다. 몇 십 개의 가격대를 설정한 프로젝트를 본 적

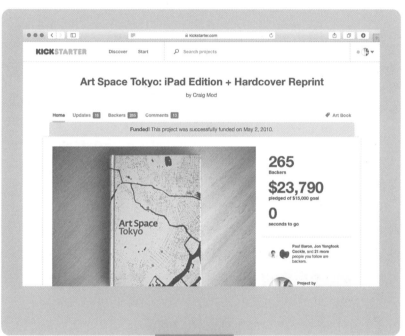

KICKSTARTER   Discover   Start   🔍 Search projects

Art Space Tokyo: iPad Edition + Hardcover Reprint
by Craig Mod

Home   Updates 16   Backers 265   Comments 13   🏷 Art Book

Funded! This project was successfully funded on May 2, 2010.

265
Backers

$23,790
pledged of $15,000 goal

0
seconds to go

 Paul Baron, Jon Yongfook
Cockle, and 21 more
people you follow are
backers.

Project by

도 있는데 가능하면 그 정도는 피했으면 한다. 사람들은 당신에게 돈을 건네고 싶어 한다. 그런 사람들에게 선택지를 너무 많이 주어서 '선택의 패러독스'에 빠지도록 해서는 안 된다! '단순'해야 한다. 현실적인 가격대 다섯 개 정도. 나로선 그 이상의 선택지는 너무 많다고 본다.

지원 금액 평균은 약 62.5달러다. 이 금액은 우연히도 『아트 스페이스 도쿄』의 제작비와 배송비 합산액과 매우 비슷했다. 그래서 지원 가격대로서 65달러를 설정한 것은 올바른 판단이었다는 자신감을 얻을 수 있었다.

앞의 데이터를 고려하여 결정한 『아트 스페이스 도쿄』 가격대와 합계 금액의 결과가 아래의 표다.

멋진 분산이다. 통계적으로는 적지만, 25달러를 설정함으로써 이 책(초판)을 이미 갖고 있는 사람도 프로젝트의 지원을 위해 돈을 냈다. 어떤 의미에서 25달러의 가격대는 지원에 대한 보상을 제공한다기보다 배커(후원자)들의 커뮤니티를 강화하는 역할을 했다. 이것도 중요한 포인트다. 단지 자금을 조달하는 것이 아니다. 자금 조달 과정에서 지원자들의 커뮤니티를 형성하는 것이다.

다른 가격대는 당연한 결과다. 65달러가 가장 많은데, 이전의 데이터를 통해 그렇게 될 것으로 예상했다. 100달러는 좋은 업그레이드

가격대	지원자 수	합계 금액 ($)	비율 (%)	리턴 (보상) 내용
$25	28	$700	3%	『아트 스페이스 도쿄』 PDF
$65	155	$10,075	42%	위 + 인쇄본
$100	64	$6,400	27%	위 + 책에 이름 게재
$250	11	$2,750	12%	위 + 사인 + 한정판 손수건
$850	4	$3,400	14%	위 + 오리지널 일러스트
$2,500	0	$0	0%	위 + 도쿄 데이 투어
합계	262	$23,325		

from: Craig Mod and Ashley Rawlings <yes@bookswemake.org>
to: "yes@bookswemake.org" <yes@bookswemake.org>
date: Thu, Apr 8, 2010 at 3:40 PM
subject: 『아트 스페이스 도쿄』 재출간, 그리고 새로운 아이패드판도!

이 출판 프로젝트에 대해 :
이 프로젝트는 지금 주목받는 크라우드펀딩 서비스인 '킥스타터'를 이용해 커뮤니티 지원을 받아 『아트 스페이스 도쿄』라는 책을 재출간하려는 시도입니다.
킥스타터는 올 오어 낫싱(all or nothing), 5월 1일까지 목표 금액 1만 5000달러를 조달하지 못할 경우 책은 출판되지 못하고 여러분의 계좌에서 지원금이 인출되는 일도 없습니다.

책에 대해 :
『아트 스페이스 도쿄』는 도쿄의 현대 아트를 알기 위한 아름다운 하드커버 책입니다. 272페이지로 구성된 이 책은 인터뷰, 에세이, 지도, 일러스트를 통해 건축과 역사적 시점에서 도쿄에서 가장 특징이 있는 열두 개 갤러리와 미술관을 소개하고 있습니다.
2색도의 상세한 지도, 풍부한 일러스트를 수록했습니다. 장정은 서표, 실크스크린으로 인쇄된 피륙 표지 등 정성스럽게 마무리했습니다.
초판 1500부를 모두 판매하는 데 1년 이상 걸렸습니다. 그런데 이 책을 갖고 싶다는 사람들의 문의가 이어져 출판권을 돌려받아 우리가 재판再版을 찍기로 한 것입니다.

한정 재판의 예약 주문은 여기 :
http://cmod.me/ast_kick
킥스타터에서의 예약 주문은 우리 프로젝트를 실현시킬 귀중한 지원입니다.

예약 주문의 매출은 하드커버판의 인쇄 부수 확대, 내용을 추가한 아름다운 아이패드판 출판을 위한 자금으로 활용됩니다.
반복합니다만, 지원은 올 오어 낫싱. 5월 1일까지 목표 금액 1만 5000달러를 채우지 못하면 프로젝트는 실현되지 않으며 지원금이 인출되는 일도 없습니다.

여러분에게 :
이 프로젝트에 대한 지원은 재출간에 대한 적극적인 참가이며, 이번과 같은 작지만 중요한 문화 프로젝트를 실현하는 데 도움이 될 것입니다.
트위터나 페이스북에서 이 URL을 퍼뜨려주세요.
http://cmod.me/ast_kick
아무쪼록 지원을 바랍니다.

도쿄와 뉴욕에서
애슐리 롤링스(『아트 스페이스 도쿄』 공동 저자, 편집자)
크레이그 모드(『아트 스페이스 도쿄』 공동 저자, 디자이너, 출판인)

선택지였던 듯하다.(100달러를 지원해준 배커들의 거의 전원이 250달러가 아닌 65달러를 선택할 것이므로.) 250달러의 리턴(보상)에 포함되는 손수건이 무엇인지 설명하면 좀 더 좋은 결과를 얻었을지도 모르겠다. 850달러는 이 책의 일러스트레이터인 다카하시 씨의 작품을 좋아하는 분들에게는 안성맞춤이었다. 그렇지 않다면, 그 정도의 지원이 가능한 재력을 가진 사람들일 것이다.

2500달러라는 광적인 가격대를 선택한 사람은 없었으므로 자전거포, 카페, 미술관, 건축, 맛있는 것을 먹는 코스로 잡은 도쿄 데이 투어는 없었다. 머리를 쥐어짤 필요가 없어진 것이다. 그렇지만 그것은 내가 투어 가이드가 되는 것보다 다카하시 씨의 작품을 손에 넣는 편이 훨씬 좋은 거래라는 증거이기도 했다.

지원금 분석

사람은 일이나 사물에 대해 언제 행동을 취하는가. (a) 그것이 신선하게 느껴질 때, 또는 (b) 마감 시간이 얼마 남지 않았을 때다. 그 어느 쪽도 아닐 때는 관심을 잃는다. 이러한 점을 고려하여 자금 조달 기간은 당초에 불과 3주간으로 설정하려고 생각했었다. 첫 일주일간은 첫 번째 푸시를 하고, 다음 일주일은 이른바 '버퍼(예비)' 기

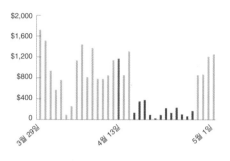

일일 모금액

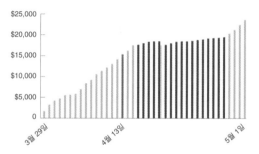

누적 모금액

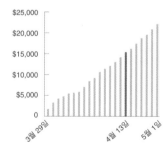

정체기를 제외한 누적 모금액

간, 그다음 일주일은 마지막 전력투구. 버퍼 주간은 오로지 "시작했습니다!" 또는 "곧 마감입니다!" 하고 외치는 중에 정신적 휴식 기간으로 기능한다고 생각했다.

결국 설정 기간은 5주로 했지만, 지금 되돌아보면 4주도 충분하지 않았을까 생각한다. 기간을 길게 설정한 덕분에 블로그나 웹매거진(기사가 나올 때까지는 며칠 또는 몇 주일이 걸리지만)에 소개받을 여유가 생긴 한편으로, 12일간에 걸친 정체기가 생기고 말았다. 다시 한 번 프로젝트를 한다면 그 정체기에 온라인 미디어 노출에 신경을 쓸 것이다.

가장 많은 지원자가 모인 것은 첫날인 3월 29일로 1720달러였다. 가장 모금액이 적었던 것은 4월 20일로 25달러였다. 하루 평균액은 695.88달러였다.

목표 금액에 도달한 것은 4월 13일로, 개시한 지 불과 16일 뒤였다. 그 이후에는 개시 직후나 마감일 근접일과 달리 관심이 엷은 기간이 이어졌다. 그 부분이 바로 마감일 가까이까지 이어진 12일간의 정체기다.

159쪽의 가운데 그래프를 보면 목표 금액을 달성한 4월 13일까지 순조롭게 금액이 신장하여, 정체기를 제외할 경우 합계 금액의 추이는 45도로 성장하는 그래프 상태가 된다.

from: Craig Mod and Ashley Rawlings <yes@bookswemake.org>
to: "yes@bookswemake.org" <yes@bookswemake.org>
date: Thu, Apr 15, 2010 at 10:57 PM
subject: 『아트 스페이스 도쿄』 16일간 1만 6000달러 달성

여러분, 감사합니다 :

이번에 200분께 지원을 받아 재출간을 하게 되었습니다. 지원 금액은 목표인 1만 5000달러를 넘겨 조만간 1만 7000달러에 도달합니다. 이 프로젝트에 대한 지원은 더 이상 '모험'이 아닙니다. 확실히 출판됩니다.

여러분의 아낌없는 지원과 뜨거운 응원에 놀랐습니다. 킥스타터를 통해 이 프로젝트에 참가해주신 모든 분께 마음 깊이 감사를 드립니다. 정말 이 정도의 반향이 있을 줄은 예상하지 못했습니다.

지원 모집의 종료까지는 앞으로 16일이 남았습니다. 즉 제작 진행 과정을 확인하는 프로젝트 지원자가 되실 수 있는 것도 앞으로 16일. 지원자로서 책에 이름을 넣을 수 있는 것도 앞으로 16일. 피륙 표지로 된 하드커버 책과 아티스트이자 일러스트레이터인 다카하시 노부마사高橋信雅 씨의 원화 등의 리턴을 손에 넣을 수 있는 것도 앞으로 16일 남았습니다.

지원금은 전액 하드커버 책의 부수를 늘리고 아이패드판을 만드는 출판 자금으로 사용됩니다.

아직 참가를 망설이시는 분께 잘 부탁드립니다.

책의 인쇄는 5월, 발송은 6월 예정입니다.

이 출판 프로젝트에 대해 :

이 프로젝트는 지금 주목받는 크라우드펀딩 서비스인 '킥스타터'를 이용해 커뮤니티 지원을 받아 『아트 스페이스 도쿄』라는 책을 재출간하려는 시도입니다.

책에 대해 :

『아트 스페이스 도쿄』는 도쿄의 현대 아트를 알기 위한 아름다운 하드커버 책입니다. 272페이지로 구성된 이 책은 인터뷰, 에세이, 지도, 일러스트를 통해 건축과 역사적 시점에서 도쿄에서 가장 특징이 있는 열두 개 갤러리와 미술관을 소개하고 있습니다.

2색도의 상세한 지도, 풍부한 일러스트를 수록했습니다. 장정은 서표, 실크스크린으로 인쇄된 피륙 표지 등 정성스럽게 마무리했습니다.

초판 1500부를 모두 판매하는 데 1년 이상 걸렸습니다. 그런데 이 책을 갖고 싶다는 사람들의 문의가 이어져 출판권을 돌려받아 우리가 재판再版을 찍기로 한 것입니다.

한정 재판의 예약 주문은 여기 :

http://cmod.me/ast_kick

킥스타터에서의 예약 주문은 우리 프로젝트를 실현시킬 귀중한 지원입니다.

예약 주문의 매출은 하드커버판의 인쇄 부수 확대, 내용을 추가한 아름다운 아이패드판 출판을 위한 자금으로 활용됩니다.

반복합니다만, 지원은 올 오어 낫싱. 5월 1일까지 목표 금액 1만 5000달러를 채우지 못하면 프로젝트는 실현되지 않으며 지원금이 인출되는 일도 없습니다.

여러분에게 :

이 프로젝트에 대한 지원은 재출간에 대한 적극적인 참가이며, 이번과 같은 작지만 중요한 문화 프로젝트를 실현하는 데 도움이 될 것입니다.

트위터나 페이스북에서 이 URL을 퍼뜨려주세요.

http://cmod.me/ast_kick

아무쪼록 지원을 바랍니다.

도쿄와 뉴욕에서

애슐리 롤링스(『아트 스페이스 도쿄』 공동 저자, 편집자)

크레이그 모드(『아트 스페이스 도쿄』 공동 저자, 디자이너, 출판인)

---

from: Craig Mod and Ashley Rawlings ⟨yes@bookswemake.org⟩
to: "yes@bookswemake.org" ⟨yes@bookswemake.org⟩
date: Thu, Apr 29, 2010 at 1:48 AM
subject: 『아트 스페이스 도쿄』에 참가할 마지막 기회

마지막 기회입니다.

- 책에 지원자 이름 게재
- 실크스크린으로 인쇄된 한정판 입수
- 다카하시 노부마사의 일러스트레이션 원화 입수
- 도쿄의 아트스페이스를 둘러보는 개인 대상 원데이 투어 체험

남은 기간은 앞으로 3일 :

한 달 전에는 『아트 스페이스 도쿄』를 다시 한 번 세상에 펴낼지 어떨지 알기 어려웠습니다. 1만 5000달러를 모으는 것이 한계일 것이라고 생각했습니다. 우리 스스로도 1만 5000달러의 자금 조달은 무리일 것이라고 생각했습니다. 하지만 그건 틀렸습니다. 여러분의 아낌없는 커다란 지원을 받게 되어 앞으로 더 열심히 하려고 합니다.

하드커버의 새 판을 구할지 말지 망설이신다면 지금이 기회입니다.

이것은 우리 프로젝트 참가 신청이 앞으로 3일 남았다는 것을 알려드리는 메일입니다. 메일을 받으신 분들 가운데 참가를 검토하시는 분들이 계시다면 기회를 놓치지 않으시길 바랍니다.

책은 5월 초에 인쇄에 들어갑니다. 6월 말에 완성되어 여러분 계신 곳으로 보내드릴 예정입니다.

이 프로젝트에 대해 흥미를 가질 만한 분이 주위에 계시면 URL을 알려드리세요.

http://cmod.me/ast_kick

다시 한 번 지원에 감사드립니다. 하드커버 책을 배송하고, 아이패드판에 착수할 날을 기다리고 있습니다!

도쿄와 뉴욕에서

애슐리 롤링스(『아트 스페이스 도쿄』 공동 저자, 편집자)

크레이그 모드(『아트 스페이스 도쿄』 공동 저자, 디자이너, 출판인)

12일간의 정체기에 얻은 것은 불과 1976달러, 하루 평균 165달러였다. 전체 평균 약 700달러와는 큰 차이가 있다.(정체기를 제외한 하루 평균은 1000달러에 가까웠다.)

어째서 그런 것에 신경을 쓰는가? 2000달러는 2000달러 아닌가 말이다. 물론 그렇다. 하지만 돈이 모이지 않으면 프로젝트를 시작하기 어려우므로 효율을 생각하지 않을 수 없는 것이다. 효율이 높으면 높을수록 고액의 지원을 유지하기 쉬워진다. 기간을 너무 길게 잡으면 열정이 쇠퇴하는 위험 부담이 생기고 만다. 즉 그 2000달러를 보다 짧은 기간에 더 효율적으로 모을 수 있을지도 모른다.

프로모션 전략과 활동

『아트 스페이스 도쿄』의 편집자이자 공저자인 애슐리 롤링스와 나는 주로 세 가지 방법으로 킥스타터의 프로젝트를 홍보했다.

- 트위터와 페이스북
- 아트(미술) 및 디자인 업계에 종사하는 사람들의 방대한 연락처
- 온라인 미디어. 아트 및 디자인 업계의 인기 블로그와 잡지

우리의 프로모션 전략은 다음과 같은 것들이었다.

- 트위터와 페이스북에서 정기적으로 정보를 갱신한다.
- 메일링 리스트를 사용해 모금 기간 개시 직후와 종료 직전에 집중적으로 홍보한다.
- 중간에 메일링 리스트를 통해 경과보고를 한다. 어딘가에 좋은 소개 기사가 실렸다면 그것을 내세울 수 있는 기회로 활용한다.
- 인터넷상에서 프로젝트와 관련된 온라인 미디어의 기사를 찾는다.

트위터

프로젝트를 시작한 시점은 더 좋을 수 없을 만큼 완벽했다. 세계의 많은 사람들이, 도쿄에 있는 어떤 놈인지 알 수 없는 남자가 말하는 책의 미래에 대해 갑자기 관심을 보이기 시작한 것이다. 내 이야기에 관심을 가진 사람들이 증가함에 따라(주로 트위터 경유)『아트 스페이스 도쿄』프로젝트에 관심을 가질 만한 열성적인 청중을 획득하게 되었다. 프로젝트에 관련하여 트위터를 정기적으로 활용했지만 그 횟수는 최소한으로 하려고 노력했다. 트위터의 타임라인을 『아트 스페이스 도쿄』의 갱신 정보로 채우는 것이 아니라(그렇게 느낀 분들이 있다면 미안합니다!) 조달 기간은 계속되고 있으며 아직 지원을 받고 있다고 살며시 전달하는 것이 목적이었다.

5 http://topsy.com/trackback?url=h
   ttp%3A//www.kickstarter.com/pr
   ojects/1790732155/art-space-
   tokyo-ipad-edition-hardcover-
   reprint

검색 서비스인 탑시Topsy를 이용해 모금 기간 중의 트윗, 리트윗 기록을 살펴볼 수 있다.[5]

메일링 리스트

나는 지난 6년간 디자인 및 아트 업계에서 일을 해온 덕분에 방대한 연락처 리스트를 가지고 있다. 메일을 보낸 당일과 그 전후 하루씩의 합계 지원금은 아래 표와 같다.

표를 보면 드러나는 것처럼 4회 보낸 메일(4월 6일 1000명, 4월 8일 1000명, 15일 2000명, 29일 2000명)에 의해 지원 금액은 비약적으로 증가했다. 어떤 메일을 보냈는지 보고 싶은가? 이것이 그 내용이다.

- 4월 6/8일 : 시작했습니다!(a/b)(자세한 것은 157쪽)
- 4월 15일 : 경과보고(자세한 것은 161쪽)
- 4월 29일 : 3일 남았습니다!(자세한 것은 162쪽)

블로그와 온라인 미디어

프로모션 전략은 간단하다. 홍보하려는 내용과 겹치는 토픽을 게재하고, 영향력이 있고 열쇠가 되는 사이트를 찾는 것이다. 발견되면 그러한 블로그나 잡지, 신문에 개별적으로 메일을 보낸다. 프로젝트

날짜	메일 내용	전날 금액	당일 금액	다음 날 금액
4월 6일	시작했습니다!(a)	$1,135	$1,440	$815
4월 8일	시작했습니다!(b)	$815	$1,370	$785
4월 15일	경과보고	$855	$1,310	$130
4월 29일	3일 남았습니다!	$870	$1,210	$1,255

에서 그들이 가장 관심을 가질 만한 측면을 강조한다. 몇 년이나 접하던 블로그에 메일을 보내는 일도 자주 있었던 일이기에, 그들의 과거 기사를 인용하여 개별적으로 문장을 바꾸어 보내는 작업도 나에게는 힘들지 않았다. 오히려 즐거운 일이었다.

정보 발신자들에게 보이는 대로 메일을 보내는 일은 하지 말자. 사려 깊어질 필요가 있다. 어디까지나 목표는 당신의 프로젝트에 흥미를 가져줄 만한 편집자들이나 일반 커뮤니티에 호소하는 일이지 이런저런 유명한 블로그에 스팸 메일을 보내는 것이 아니다. 적절한 블로그에 실리는 하나의 기사 쪽이 접속자는 많더라도 테마가 다른 블로그에 실리는 열 편의 기사보다 1000퍼센트 도움이 된다. 오로지 바라는 것은 열성적인 유저이지 방문자 수가 아니다.

아래 표와 같이 디자인 분야를 중심으로 열두 개가 넘는 매체에서 『아트 스페이스 도쿄』 프로젝트에 대해 실어주었다.

앞에서 언급했듯이, 우리 프로젝트의 모금 조달 기간에는 정체기가 있었다. 4월 17일 이후 좀 더 미디어 노출이 있었으면 좋았을 것이다. 지금 생각해보면 미리 미디어 쪽과 협의하여 기사의 게재 일정을 정했으면 좋았을 것이다.

게재일	매체	커뮤니티
3월 30일	37Signals, SvN	앙트레 플래너
3월 31일	Spoon & Tamago	디자인, 일본
4월 1일	Kickstarter Tweet	킥스타터
4월 1일	Hypebeast	디자인
4월 5일	Viewers Like You	디자인
4월 9일	Superfuture	디자인
4월 9일	Complex	디자인

(다음 쪽 계속)

방식을 바꾸다

우리의 최대 실수는 목표 금액을 지나치게 낮게 책정한 것이었다. 목표 금액에 도달해도 아직 종료 기간까지 시간이 있었을 때 킥스타터에서의 프로젝트는 열기를 잃고 '도박성'이 사라져갔다.(159쪽의 그래프가 그 경험적 증거다!) 킥스타터 프로젝트에서 이상적인 상태는 기간 내 마지막에 겨우 달성할 수 있을 정도의 금액을 설정하는 것이다.

목표 금액을 1만 5000달러로 설정했을 때는 그것이 최대한이라고 생각했다. 하루 500달러 가까운(또는 아홉 권 분량) 지원을 얻어낸다는 계산이었다. 큰돈은 아니지만 쉽게 만들 수 있는 금액도 아니다. 1만 5000달러는 그 시도를 열매 맺기 위해 필요한 부수를 인쇄하는 최소 금액이었다. 그것을 초과한 금액은 프로젝트의 규모를 확대하기 위해 사용하는 것으로 생각했다. 결과적으로 2만 4000달러가 모여 인쇄 부수를 비약적으로 늘렸을 뿐 아니라, 지속성이 있는 프로젝트가 되었다고 보고할 수 있게 된 것을 기쁘게 생각한다.

욕심쟁이처럼 보일지 모르지만, 나는 목표 금액은 가능한 높게 설정해야 한다고 생각한다. 잊지 말아야 한다. 목표 금액을 최대화하는 것은 동시에 커뮤니티 참가 의식을 최대화한다는 것을 의미한다. 보다 많은 금액을 얻기 위해서뿐만 아니라, 보다 강력한 커뮤니티를 형성할 수가 있는 것이다.

4월 9일	Street Giant	디자인
4월 10일	Notcot	디자인, 아트
4월 11일	Subtraction	디자인
4월 13일	We Jet Set	디자인, 여행
4월 13일	Limited Hype	디자인
4월 14일	Jean Snow	도쿄, 디자인, 아트
4월 16일	PSFK	아트, 디자인
4월 17일	Nonaca	아트, 도쿄

2만 4000달러로 실현한 것은 무엇인가? 실크스크린으로 인쇄한 피륙(천) 표지의 『아트 스페이스 도쿄』 인쇄 부수를 두 배로 늘리고, 책 안에 있는 지도나 추천 레스토랑 및 카페 정보를 업데이트했으며, 면밀히 다시 편집을 했고, 출판 싱크탱크인 PRE/POST를 설립했다. 도쿄에서 주문을 받고 입금 관리와 배송을 하고, 300부 이상을 출하하고, 도쿄 유수의 미술 전문 서점 설립 이벤트 지원, 이 에세이의 발표 등을 했다. 이 모든 것을 3개월 만에 해냈다. 놀랄 만한 일이라고 자부한다.

이 에세이는 실험 제1장의 정리 같은 것이다. 앞으로 나아가야 한다. 모든 노력은 이 책의 디지털판 제작에 쏟을 것이다. 물론 거기서 배운 것들도 공유할 것이다.

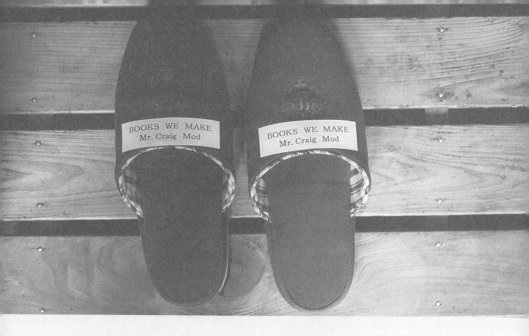

실크스크린 인쇄

이 슬리퍼는 내 것이다. 어떻게 내 것인지 아는가 하면, 거기
에 내 이름이 쓰여 있기 때문이다. 이것을 만들어준 사람들은
회사 이름을 잘못 썼지만 나는 그것을 탓할 수 없다. 얼마 전에
회사명을 변경한 것이다. 슬리퍼는 당연하게도 너무 작아서 아
침부터 인쇄소 창고에서 발가락 춤을 추는 외국인이 되어버렸
는데, 그런 일은 흔히 있는 일이다.

나카무라 씨를 보고 먼저 느끼게 되는 것은 그 상냥한 눈이
다. 다음으로 그의 공손함을 알게 되었다. 그는 실크스크린 인
쇄의 부처님이었다. 그와 종업원들은 시설 견학을 위해 방문한
나를 줄곧 환대하며 한 시간 반을 할애해주었다. 전문인 실크스

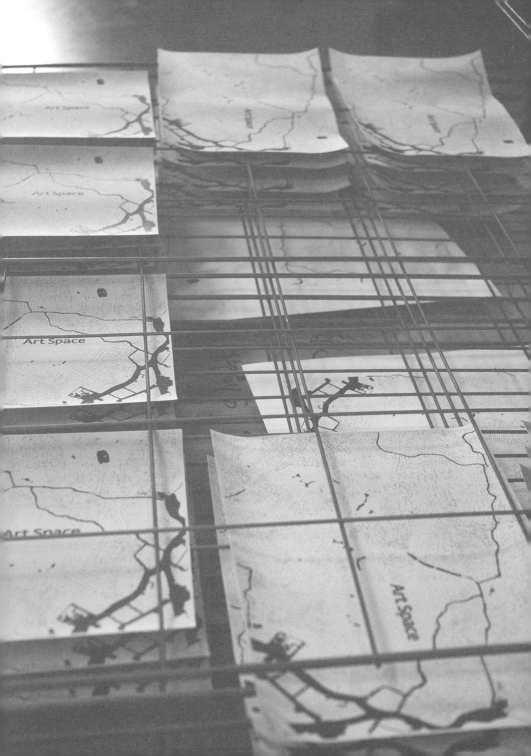

크린 인쇄의 공정을 자랑스럽게 보여주면서 어떤 질문에도 기꺼이 응답해주었다.

그곳은 훌륭한 시설이었다. 『아트 스페이스 도쿄』처럼 크기가 작은 물건부터 광고 간판 같은 큰 물건까지 취급했다. 비행기 격납고만 한 암실도 있었는데, 알전등이 작은 태양처럼 아련히 실내를 비추고 있었다. 그들은 정말 많은 작품을 만들고 있었다.

아쉽게도 시설 촬영은 완강히 거절당했다. 그런 가운데 살짝 한 장의 사진을 찍는 데 성공했다. 『아트 스페이스 도쿄』 표지를 건조하는 광경이다. 표지는 한 부씩 동일한 완성도를 기하려고 수작업으로 신중하게 인쇄되었다. 그 섬세한 공정을 눈앞에서 보면서, 한 권 한 권 만들어지는 기적이 한층 고맙게 느껴졌다.

견학 도중에 출판 불황으로 위기감이 들지는 않는지 물어보았다. 그렇지는 않다고 나카무라 씨는 말했다. 어째서인가? 지금 출판계는 혼란 상태이지만 디자이너들은 지금까지보다 더 표지나 포스터의 특수 인쇄에 힘을 기울이고 있기 때문이라고 그는 답했다. 이쪽은 나카무라 씨의 전문 분야다. 그는 "최근 수년간 생산량은 늘고 있다"라고 말했다.

그게 사실이든 아니든 내게는 그다지 중요하지 않다. 나카무라 씨의 시설이 지금도 활발히 사용된다는 것을 알게 된 것만으로도 기쁘기 그지없다. 대중 시장을 상대로 한 출판에서는 실크스크린으로 인쇄한 피류 표지를 하지 않는 것이 논리적으로 당연한 귀결이다. 하지만 킥스타터 덕분에 그런 트렌드를 역행하며 우리가 생각하는 이상적인 책을 만들고, 대중 시장이 요구하는 가격을 무시한 채 틈새시장에서 좋은 책을 만들 수 있었다. 수상 경력도 있는 일류 지역 기술자의 인쇄 시설에 불쑥 찾아가 (그들의 노력을 지원함으로써) 우리는 따스한 환대를 받고 프로젝트를 깊이 이해하게 되었다.

내의 차림으로

80세 정도로 보이는 남자가 담배를 물고 내의 차림으로 서 있다. 내가 손을 흔들어 인사를 하자 미소로 답한다. 남자는 나른한 듯이 복잡한 인쇄기의 다이얼과 레버를 조작했다.

이곳이 여덟 시간에 이르는 견학 코스의 종점이다. 이 작은 업체는 도쿄 니시신주쿠의 서쪽, 이름 없는 뒷골목의 이름 없는 건물에 입주해 있다.

프로젝트에 협력해준 것은 네 개의 인쇄소와 한 개의 제본소, 한 개의 재고관리 및 발송 회사다. 오늘 우리는 인쇄소 네 개를 모두 돌아보는 중인데, 이곳(연기가 가득한 아파트 건물 1층)은 띠지를 만드는 인쇄업체다. 그들은 값싼 종이에 1색도의 띠를 인쇄한다. 뒤표지에 세로 방향 띠를 두르기 위한 것이다.

일본 인쇄소에는 장인의 기골이 넘쳐난다. 시설은 그다지 깨끗하지가 않아서(오랜 기간 익숙해져 있어서) 반짝이는 새 책이

어떻게 만들어지는지 기이하게 생각되었다. 하지만 당연히 그들은 반짝이는 책들을 만들어낸다.

머리를 금색으로 물들이고 도수 높은 안경을 낀 젊은 기술자가 기계에서 1분당 100매를 토해내는 띠지의 제작 과정을 확인하고 있다. 그는 잉크 때가 물든 손을 복잡하게 움직이는 기계속으로 집어넣더니 인쇄 중인 시트 한 장을 끄집어내 상태를 확인한다. 만족한 모습으로 눈짓을 하며 조금씩 다이얼을 돌리더니 "자, 됐다!" 하고는 종이를 '미스터 내의' 씨에게 보낸다.

본문 부분

잉크의 농도가 오늘의 과제. 이름을 모르는 기술자가 본문과 일러스트레이션에 딱 좋은 잉크 농도를 정했다. 인쇄 코디네이터인 고히야마 씨는 내 옆에 서 있었다. 이 기술자가 우리가 추구하는 미학을 얼마나 이해하는지를 알았다. "배경은 괜찮지만 앞쪽을 좀 더 깨끗하게 할 필요가 있겠네." 인쇄기의 어둑어둑한 빛 너머로 그는 큰 소리로 말했다. 나는 그에게 동의하고 불필요한 말은 하지 않았다. 기술자는 커다란 패널에서 잉크 색깔을 조정하고는 새로운 테스트 프린트의 물결을 넘겨준다.

포인트는 검정색 조정이다. 나는 다카하시 노부마사의 일러스트에 빠져 있었는데, 거기에는 몇 가지 이유가 있다. 콘트라스트(명암 차이)가 좋고, 세밀하게 그려진 펜화가 마음에 든다. 그의 특기 분야다. 거기에 더해 내가 마음에 드는 것은 작업 공

정에 대한 집착에 가까운 고집이다. 그림을 그리는 것과 같은 긴 시간에 걸쳐 잉크를 섞고 말리는 작업을 한다. 벼루와 물을 써서 딱 좋은 농도로 만들면서 적당한 온도와 적절한 속도로 말려나간다. 그렇게 해야 다른 일러스트레이터들이 간과하기 쉬운 뉘앙스를 표현할 수가 있다. 그의 작품은 이러한 스타일의 일러스트레이션에서 살리기 어려운 잉크의 물보라(비말)를 이용한 표현으로 깊이를 내는 데 성공했다.

우리는 그 깊이를 지킬 수단을 찾고 있었다.

테스트에 리듬이 생기기 시작했다. 새로운 프린트가 만들어질 때마다 앞의 것에 비교하고 초판본과도 비교한다. 우리는 조금씩 아주 조금씩 전진해나갔다. 일러스트의 세부를 지나치게 표현하면 본문이나 지도의 적절한 농도를 잃게 된다. 책의 인쇄는 이처럼 미학과 실용성의 균형을 잡는 작업이다. 다행스럽게도 우리는 뛰어난 기술자와 만났다.

제본 작업

인디자인InDesign 파일이 실제로 책이 되기까지의 과정은 제본(제책) 작업에서 마무리된다. 우리 작업을 하는 제본소(제책소)

는 고쿄皇居일왕이 거주하는 곳의 약간 북쪽, 도쿄의 전통적인 제본소가 많은 홍고本鄕에 있었다. 집이나 아파트 사이에 작은 창고들이 들어찬 이 지역은 아마도 옛날에는 지금보다 훨씬 더 번창했을 것임이 틀림없다. 빈집 간판을 달았거나 제본과는 무관한 용도로 바뀌어버린 창고가 많았다. 마치 산업의 묘지 같은, (신선 식품으로 치면) 확실히 유효기간이 지나버린 지역이다.

그날은 5월로, 그해 들어 처음으로 한여름 날씨가 찾아온 날이었다. 땀을 흘리면서 고히야마 씨와 나는 좁은 골목길을 지나고 집들을 지나서 목적지에 닿았다. 재단과 제본을 하는 기계들의 소리가 우리를 이끌었다.

내리쬐는 태양 아래 어둡고 시원한 제본소로 들어갔다. 각각의 기계를 직원 두 명씩이 맡았는데 고히야마 씨(언제나 나와 동행하며 여러 가지를 설명해주는 사람)는 내 쪽으로 몸을 기울이며 그것이 얼마나 진귀한 풍경인가를 살짝 알려주었다. "기계 한 대를 두 사람이 체크해주는 건 행운입니다."

완벽한 작업을 하는 것에 대해서는 어느 제본소든 자부심이 있다. 정말 일본의 물건 만들기(장인 정신)의 전형적인 예를 보는 듯했다. 인쇄소나 제본소 사람들은 진짜 기술자였다. 『아트 스페이스 도쿄』 같은 소량의 작업에서조차 세심하게 신경을 쓰며 일하는 모습에 감명을 받았다.

어떤 공정에서든 확인에 확인을 거듭했다. 모든 것이 기계로 이루어질 것이라 생각했던 제작 공정에 인간의 손이 더해졌다. 말하자면, 각 공정이 문제없이 다음 공정으로 이어지도록 체크하는 프로세스 편집자들이었다.

마지막 생산 라인에 서서 만들어진 책이 커다란 나무 팔레트에 열 권씩 쌓이는 것을 지켜보았다. 이 공정(팔레트에 책을 쌓는 프로세스!)조차도 아무렇게나 하지 않고 주의 깊게 이루어졌다. 즉 책이 열 권씩 서로 엇갈린 방향으로 쌓였다. 높이 쌓은 무게에도 견딜 수 있도록.

나는 책이 쌓이는 모습을 지켜보고 있었다. 팔레트는 이제 4분의 3이 채워졌다. 우리는 기술자 한 사람 한 사람과 인사를 하고 마지막으로 사진을 한 장 찍었다. 그러고 이 책 제작을 지원해준 일본 제본업계 기술자들과 킥스타터에 대한 감사의 마음을 되새기며 찌는 듯한 태양 아래로 나아갔다.

100만 달러를 향해

정리해보자.

- 1개월에 2만 4000달러
- 킥스타터의 간단하고도 매력적인 중개 서비스
- 일회적인 돈이 아니라 마이크로 시드캐피털의 관점을 생각한다.
- 지원 금액의 선택지는 적을수록 바람직하다.
- 사람들은 25달러 이상의 지원을 하고 싶어 한다.
- 계획적인 미디어 노출로 (자금 조달의) 정체기를 피한다.
- 스마트한 프로모션. 질 높은 커뮤니티에 호소하는 데 집중한다.
- 용기를 가지고 최고 한계로 여겨지는 가격을 설정한다.

불과 5년 전에는 소셜 미디어를 이용해서 한 권의 책을 재발행하는 데 2만 4000달러 정도의 금액을 모으는 일이 상상하기도 어려웠을 것이다. 우리는 그것을 달성했을 뿐만 아니라 지속 가능한 책 가격을 설정했고, 출판 싱크탱크를 세웠으며, 전통적인 유통 경로에 맞서 직접 독자에게 책을 판매할 수가 있었다.

출판의 미래는 어떻게, 누구와 함께, 어떠한 조건으로 펼쳐질 것인가. 우리는 의심할 여지 없이 그 출판의 미래를 만들어 나가는 시대를 살고 있다.

　이 글이 우리와 비슷한 목표를 가진 적어도 50명의 창작자들에게 힘이 되기를 바란다. 50명의 창작자가 우리 수준의 작은 성공을 계속 쌓아간다는 건 창조적이고 사회적 의미도 있는 프로젝트에 100만 달러의 자금이 들어온다는 것을 의미한다. 킥스타터에서 성공한 모든 프로젝트가 그것이 가능하다는 것을 말해준다.

　무엇인가를 만든다면 알려주기 바란다. 우리는 그 소식을 진심으로 기다린다.

6장

책을 플랫폼으로

디지털판 『아트 스페이스 도쿄』 제작기

그렇게 오래지 않은 옛날, 출판계에는 킨들의 불이 아직 붙지 않았고, EPUB(이펍)이라 하면 이스트런던의 펍인가 여기기도 하고, Mobi(모비)라 하면 백경 모비 딕인가 하기도 하던 무렵, 우리는 종이 묶음을 가지고 다니며 책 표지가 전철 승객들에게 보이도록 읽었다. 그 무렵에는 젊은 여자아이들이 블로그에서 열광하는 뱀파이어 이야기도 아직까지 출판계의 총아가 아니었고, 영국 주부들이 '트와일라잇' 2차 창작의 포로가 되기 전으로, 독서용 앱인 플립보드Flipboard나 자이트Zite도 없었고[1] 자비출판도 없었다.

그러나 2010년 아이패드가 나타나면서 우리(애슐리 롤링스와 나)는 『아트 스페이스 도쿄』라는 책에 다시 생명을 불어넣어야 한다는 생각으로 크라우드펀딩 사이트인 킥스타터에서 출자를 공모하였다. 그

<hr />

1   플립보드, 자이트는 인터넷상의 콘텐츠를 모아 잡지 같은 레이아웃으로 열람할 수 있는 큐레이션 애플리케이션이다.

때부터 여러 가지 변화가 일어났다.(하느님 감사합니다!)

우리가 킥스타터에서 출자를 공모하기 시작하던 무렵, 2만 5000달러를 모으는 건 상당히 힘든 일이었다. 이제는 10만 달러를 모으지 못하는 사람이 없으며 100만 달러를 모을 수 없으면 블로그에조차 쓰지 않는다. 크라우드펀딩은 희망의 별이 되었는데, 전자출판 역시 틈새시장이 아니라 책의 주류 유통 경로가 될 것이다.[2]

크라우드펀딩에 의해 여러 변화가 나타날 거라고 쉽게 상상할 수 있지만, 출판에 미치는 영향이나 그 공과를 판단하는 것은 그리 간단한 문제가 아니다.

플랫폼

지난 수년간 단순하면서도 움직이기 어려운 사실들이 분명해졌다. 그것은 책의 미래가 네트워크화된 플랫폼 위에 성립한다는 사실이다. 동떨어진 섬들 위에 만들어지는 것이 아니다. 인터페이스, 조작 편의성, 타이포그래피 등 표면적인 진화뿐만이 아니라, 플랫폼은 우리의 읽기 방식도 진화시킨다.

플랫폼은 생산·유통·소비 시스템을 만들어내는데, 이러한 커다란 변화는 전자책을 무대에 세우고, 전자출판은 모두 이 시스템 내부

---

2 「Amazon: Kindle Ebooks Now Outsell All Paper Books Combined in UK(영국 아마존에서 킨들 전자책의 판매 부수가 종이책을 상회하다)」, 〈컬트오브맥 Cult of Mac〉, 2012. 8.

에서 진행된다. 완성 후의 책과 출판3은 단지 스크린 위의 문자만을 가리키는 것이 아니다.

킥스타터 프로젝트의 일환으로 우리는 『아트 스페이스 도쿄』의 디지털판 발행을 약속했었다. 그리고 드디어 그 약속을 지킬 수가 있게 되었다. 단지 데이터를 강매하고 도망치는 것보다는 (언제나처럼) 전자출판까지의 과정을 감추지 않고 공유하고 싶다고 생각했다.
2010년부터의 2년간을 되돌아보면서 플랫폼을 염두에 두고 디지털판 출판에 이르게 된 과정을 설명하고 싶다.

『아트 스페이스 도쿄』 디지털판

우리가 출판한 『아트 스페이스 도쿄』 디지털판은 멀티 플랫폼에 대응하여 모든 포맷에서 읽을 수가 있는데, 플랫폼은 크게 두 개의 생태계로 나눌 수가 있다.

- 오픈(웹)
- 클로즈드(아이북스, 킨들, 기타 전자책 단말기)

웹

『아트 스페이스 도쿄』에는 누구나 접근 가능한 거처가 필요했다. 모든 콘텐츠에는 인터넷상의 공적 주소(어드레스)가 필요하다. 우리는 그 거처를 http://artspacetokyo.com으로 정했다. 책의 모든 내용은 거기에 있다. 인터뷰도, 에세이도, 아트 스페이스의 정보도. 모든 것이 주소를 가지고 있어서 우리는 그것에 접속하여 찾아갈 수 있다.

왜 그렇게 할 필요가 있을까. 그것은 내가 공적인 종착 지점을 만드는 것이 전자책에 유익하다고 강하게 믿기 때문이다. 현세대의 독자들은 텍스트 공유에 대한 기대가 매우 크므로 공유할 수 없는 디지털 텍스트는(즉 접속하여 찾아갈 수 없는 디지털 텍스트는) 이 세상에 존재하지 않는 것과 마찬가지다. 그것이 지나친 표현일지 모르지만, 적어도 관심을 끌기는 쉽지 않다.[4]

나는 또한 인터넷상에 모든 콘텐츠를 두면 전자책이 종이책보다 더 팔릴 것이라고 믿는다. 콘텐츠를 공개하면 자기 사이트로의 링크가 비약적으로 증가한다. artspacetokyo.com은 도쿄의 아트 관련 기사를 인터넷에 공개하는 영어 사이트로는 최대 규모일 것이다. 자연어 검색으로 사이트를 방문하는 사람도 차츰 늘어나, 모든 페이지에서 다른 상품까지 구입할 수 있도록 해 상품 구입자 수도 증가하고 있다. 그러한 숫자는 수시로 나에게 보고된다.

---

4   〈더 데일리〉가 2012년 7월에 3분의 1 가까이 인원을 줄이게 된(http://allthingsd.com/20120731/the-daily-lays-off-a-third-of-its-staff) 이유 중 하나는 그들의 콘텐츠가 여러 벽에 둘러싸여 있었기 때문이다. 그 콘텐츠는 전용 앱으로만 접속할 수 있었다. 몇몇 기사는 웹사이트에서 제한된 방식으로 볼 수 있었지만 대부분은 볼 수 없었고, 트위터나 페이스북에서 공유하기도 번거로웠다. 이것이 그들만의 문제는 아니지만 그렇다고 변명이 될 수는 없다.

텍스트의 집적을 '책'이라 부르지만, 그렇다고 해서 웹사이트처럼 기능하지 않는 것은 아니다. artspacetokyo.com 사이트에서는 종이 책과 같은 고정된 레이아웃을 일부러 없앴다. 텍스트를 계속 표시해서 콘텐츠의 무한성을 완만하게 보여주고 싶었다.

상세 사항

• artspacetokyo.com은 모바일 기기에서 열람하기에 최적화되어 있다. 시대 변화를 고려해도 그렇고 『아트 스페이스 도쿄』와 같은 가이드 북 분야의 경우라면 모바일로 보는 것이 특히 중요하다.

• 아이폰이나 아이패드에서 '홈페이지로 추가'할 경우 레티나 디스플레이 대응의 아이콘을 표시하도록 했다.

• 간단한 자바스크립트 라이브러리를 사용해 아이콘을 앱처럼 두었다. 하이퍼링크로 페이지를 왔다 갔다 할 필요는 있지만.

• 타이포테크Typotheque사가 CSS의 @font-face 기능을 이용한 웹 폰트 서비스를 제공해주는 덕분에 종이책이나 웹에서 송신하는 PDF, EPUB, Mobi 파일이나 모두 Fedra Sans Display(페드라산스디스플레이)라는 폰트로 통일할 수 있었다.

여기서 하나의 커다란 의문이 생겨난다.

아이폰으로 보았을 때의 『아트 스페이스 도쿄』 사이트

27인치 데스크톱에서 본 사이트(안쪽)와
아이북스와 킨들에서 본 전자책(앞쪽)

"모든 것을 무료로 공개하면 어떻게 돈을 벌지?"
'플랫폼'과 '프리미엄 상품'이 그 답이다.

플랫폼과 프리미엄 상품

우리에게 프리미엄 상품이란 손에 쥘 수 있는 책, 즉 종이책을 가리킨다. 하지만 동시에 플랫폼의 생태계에 제대로 뿌리내린 '진짜' 전자책도 가치가 있다고 생각한다.(DRM이 없는 전자책도 독자적인 생태계라 불릴 수 있을지 모른다.)[5]

예를 들어 아마존 킨들에서 책을 구입한다는 것은 킨들이라는 플랫폼이 가진 여러 가지 장점(메모 기능이나 공유, 하이라이트 공유)에 접속 가능하다는 것을 의미한다. 이 접속이야말로 '진짜' 가치가 있다. 이것은 돈을 지불할 만큼의 가치가 있고, 그 가치는 앞으로도 점점 높아질 것이다.

킨들, 아이북스 그리고 PDF

『아트 스페이스 도쿄』는 킨들, 아이북스, 누크에서 구입할 수 있다. 그리고 각각의 플랫폼에서 8.99달러에 판매하고 있다. 다른 플랫폼에서 읽고자 하는 사람을 위해서 DRM이 설정되지 않은 Mobi 파

5　독자적인 플랫폼의 사례로는 헨릭 베르그렌*Henrik Berggren*이 만든 리드밀 *Readmill*이라는 훌륭한 시도가 있다. http://readmill.com

일, EPUB 파일, PDF 파일이 모두 세트로 만들어진 패키지를 준비했다. 이 패키지는 14.99달러다.

종이＋디지털

종이책을 구입할 경우에는 부디 연락해주시기 바란다. 종이책 구입자에게는 디지털판 세트를 무료로 드린다. 물론 이미 구입한 분들에게도 이 세트를 드린다. 꼭 support@prepostbooks.com으로 연락주시길 바란다.

출발 지점

아이패드판을 펴낸다고 발표하면서 우리는 '아이패드 애플리케이션'이라 불리지 않도록 노력했다.

기억해보시길 바란다. 2010년 5월에 아이패드가 발표된 직후의 상황을. 아이패드에서의 출판에 관한 전망이라든가 하는 것들은 없었고, 우리 모두는 책을 앱으로 만드는 것이 올바른 모델인지 아닌지 판단하기조차 어려웠다. 인쇄되어야 책으로 간주되는 분위기 속에서 아이패드를 이용한 출판은 매우 까다롭게 여겨졌다. 그래서 당시 우리는 킥스타터의 프로젝트로 종이책을 만드는 데 집중했다. 전에 펴냈던 『아트 스페이스 도쿄』를 업데이트하여 다시 인쇄하고, 피륙 표지의 하드커버로 재출간하기로 한 것이다.

풀타임 작업으로 몇 달이 걸렸지만 어찌어찌해서 출판할 수가 있었다. 완성 상태는 놀라웠다. 배커(킥스타터에서의 프로젝트 지원자들) 역시 만족한 듯했다. 우리는 그 후 프로젝트를 통해 알게 된 지식을 한 달에 걸쳐 정리해서 그들에게 사후 분석 자료로 공표했다.('킥스타트업') 기쁘게도 킥스타터로부터 '사후 분석 부문 최우수상'이라는 표창까지 받았다.

앱은 어떻게 되나?

2010년 가을 우리는 『아트 스페이스 도쿄』의 앱 제작을 검토하기 시작했는데, 그것은 생각할수록 합리적이지 않은 것처럼 느껴졌다. '단순한' 앱 제작조차도 어려운 듯했다. 아니, 정말로.[6] 단순하건 복잡하건 간에 이치에 맞는 앱을 만드는 사람이 거의 없었던 것이다.

그 당시 몇몇 대형 출판사가 잡지 앱 판매를 시작했다. 〈와이어드Wired〉〈파퓰러사이언스〉〈뉴요커〉 등이 선구자였다. 그러나 그 완성도는 매우 실망스러웠다. 텍스트는 화상으로 만들어졌다. 파일 사이즈는 너무 컸다. 각 호를 다운로드하는 데도 번거로웠다. 스크린에서 읽는 독자의 입장이 반영되지 않았다. 이건 전자출판물 독서의 올바른 방향이 아니다, 라며 겸허한 『아트 스페이스 도쿄』 입장에서는

---

[6] 엄청나게 많은 책을 한 권씩 앱으로 만들어 나간다는 것은 합리적이지 않다. 특히 출판사 입장에서 보면 그렇다. 개별적인 책으로서 전자책을 생각하는 것이 아니라 플랫폼이라는 관점에서 보아야만 한다. 책을 위해 새로운 플랫폼을 만드는 것은 대단히 장벽이 높고 곤란한 요구로서, 이익이나 효율성을 얻기가 어렵다. 아이북스나 킨들과 같은 기존 플랫폼처럼 '무료로' 책을 만들기가 어려울 것이다. 앨 고어의 『우리의 선택』을 사례로 생각해보자. 이 앱은 업계에서도 뛰어난 디자이너와 엔지니어 들이 2년 가까이 공을 들여 개발한 것이다. 작업을 하면서 그들은 전자책을 만드는 걸 넘어 유기적인 플랫폼이 필요하다는 것을 깨닫는다. 그리고! 이 일을 마친 그들에게 최선의 해결책이 다가온다. 무엇인가 하면, 그들의 회사가 페이스북에 매수된 것이다!

그런 방향은 잊어버리자고 다짐했다.

내비게이션의 까다로움도 사태를 더욱 악화시키는 요인이었다. 더구나 앱마다 작동이 미묘하게 달랐다. 종이잡지의 '오로지 페이지를 넘기면 된다'는 명쾌함은, 종이잡지의 작업 공정을 디지털에도 적용하겠다는 '혁신' 어린 노력을 하는 가운데 잃어버렸다. 그런 앱은 역시나 제대로 기능하기 어렵다.

그리고 프랑켄슈타인 같은 그러한 무서운 잡지 앱을 조사하면 할수록 PDF 형식이 그나마 나은 해결책이 아닐까 하는 생각이 강해졌다. 적어도 PDF에서는 텍스트 데이터 유지가 가능하다. 검색도 가능하다. 용량도 가벼워진다. 내비게이션도 다음과 같이 명쾌하다. '오로지 페이지를 넘기면 된다.'7

간단한 PDF

그런 측면에서 『아트 스페이스 도쿄』의 기사를 바탕으로 인디자인에서 세로보기 판형과 가로보기 판형의 PDF를 만들어보기로 했다. 시도는 어느 정도 성공했다. 문자가 약간 작고 좋지 않았지만 그래도. PDF는 그때까지 살펴본 어떤 앱보다도 쾌적한 느낌을 주었다.

PDF의 혁신적인 이점은 무엇인가?

---

7 '오로지 페이지를 넘기면 된다'는 정신
   에 대해 나는 2011년 북스인브라우저
   스 회의에서 강연했다. www.youtube.
   com/watch?v=7z169AfJvM4 참조.

- 제작에 비용이 들지 않는다.
- 비교적 파일 사이즈가 작다.
- 모든 iOS 단말기의 아이북스에서 읽거나 검색할 수 있다.
- 텍스트 데이터를 유지한다.

이 PDF를 드롭박스Dropbox에 넣기만 하면 여러 플랫폼과 단말기의 장벽을 뛰어넘어 언제든 전자책으로 읽을 수 있다. 물론 이것은 약간의 '해크'이지만, 앱으로 만들어버리는 것보다는 그래도 나았다.

그렇지만 PDF가 아이패드 독서에서 최적이라고 생각하지는 않는다. 나아가 『아트 스페이스 도쿄』의 디지털판을 PDF로 만들어 판매하려고 생각한 것도 아니다. 좀 더 파고들어 생각하고 싶었다.

EPUB

EPUB이 나를 처음으로 흥분시킨 것은 2010년 9월 하순 왈도 자키스Waldo Jaquith의 작품을 보았을 때였다.

그 당시 나는 아이북스에 전혀 관심이 없었다. 가짜 페이지에 가짜 페이지 넘기기, 종이책의 모양만을 흉내 낸 것이었다. 타이포그래피도 미숙해서 하이프네이션(하이픈을 사용해 단어를 2행으로 나누는

너무 복잡하다. 설명이 너무 많다. 놀랍게도 이런 화면들이 널려 있다

것)조차 할 수 없었다. 아이북스와 관계되리라고는 전혀 생각하지 않았었다. 그러나 왈도 씨가 〈버지니아쿼털리리뷰Virginia Quarterly Review, VQR〉에 발표한 작품은 나의 흥미를 끌었다. 그가 시간을 들여 만들어낸 작품은 지금까지 보아왔던 어떤 아이북스 출판물보다도 향후의 기대감을 자아냈다.

그의 작품에는 적절한 페이지 바꾸기와 표제header가 있다. 문서 구조를 나타내는 타이포그래피. 인상에 강하게 남는 사진. 보기만 해도 너무 복잡해서 피하고 싶어지는 상업용 앱들과 달리 〈VQR〉은 간단했다. 뿐만 아니라 그의 디자인에는 무언가 특별한 것들이 들어 있다. 여분의 돈이 들지 않는 오픈 스탠더드를 채용했다. 이 두 가지 점은 그때까지의 잡지 앱에는 없는 특징이었다.

마침 EPUB3가 태동한다는 소리가 들렸다. 2010년의 북스인브라우저스 회의에서 빌 매코이Bill McCoy는 EPUB3에 대해 상세하게 열정적으로 이야기했다.[8] 그것은 전자출판 세계와 웹디자인 세계의 충돌이었다. HTML/CSS/JS가 EPUB3의 핵심이 되는 것 같았다. 그것은 디지털을 좋아하는 사람들에게 낭보였다. 특히 웹사이트 제작에 밝은 사람들에게는.

[8] 북스인브라우저스 회의에서 있었던, EPUB3에 관한 빌 매코이의 강연은 유튜브에 공개되어 있다.(www.youtube.com/watch?v=ZBLS7VZfwQg)

VQR: Spring 2010

The Granai Village Massacre

By GUY SMALLMAN

CREDIT: GUY SMALLMAN

Efforts to report on civilian casualties in Afghanistan frequently are hampered by the sheer inaccessibility of the places involved, both topographically and culturally. Taliban strongholds are often situated near remote Pashtun villages that observe strict tribal codes. Guests are protected at all costs. Unwelcome trespassers are fair game. Bala Baluk is no exception. The region was the center of resistance to the Russians in Farah Province in the 1980s, and its economy now is wholly dependent on illegal opium production. Even people from nearby Farah city would never dare to venture in without an invitation.

I was only able to get into Granai because of a string of fortunate

e잉크

그로부터 얼마 지나지 않은 2010년 11월에 나는 킨들을 샀고 사랑에 빠졌다. e잉크를 채용한 킨들은 지금도 맘에 드는 테크놀로지의 하나다. 킨들은 내가 보유한 기기들 중에서도 '얌전한' 물건이라 할 수 있다.9 독서에 집중할 수 있고, 세계 어디에서나 접속할 수 있으며, 배터리는 영원하다고 생각될 정도로 장시간 지속된다. 마법 같다.

이렇게 하여 내 관심은 다음의 두 가지로 향했다. 하나는 EPUB3와 연결된 아이북스. 또 하나는 향후 보급될 독자적인 생태계를 가진 우아한 킨들.

전자책 플랫폼

2011년 1년 동안 아이북스는 복잡한 레이아웃, 폰트, 하이프네이션 등에 대한 대응을 서서히 향상시켰다. 킨들보다도 디자인하기 좋다는 인식이 퍼졌다. 한편 킨들은 진정한 독서 플랫폼을 지향했다. 여러 단말기로 읽기가 가능해졌고, 웹상에서 존재감을 높이고 소셜 리딩 기능을 붙이며 책을 빌리거나 공유하는 혁신적인 기능을 개발하는 등의 진보를 이루어 나갔다.

---

9 톰 아미티지*Tom Armitage*는 그의 블로그(BERG Blog)에서 킨들과 아이패드를 세밀히 분석하며 '얌전한' 기술에 대해 이야기한다.(http://berglondon.com/blog/2011/01/14/asleep-and-awake)

EPUB에 준거하는 것이나 잘 설계된 기존의 플랫폼 위에서 개발을 진척함으로써 독자들은 많은 기능을 '무료'로 향수할 수 있게 되었다.

- 진짜 '자기충족형' 독서 플랫폼이다.
- 그러므로 책과 같은 콘텐츠를 팔고 소비하는 것에 특화되어 있다.
- 텍스트 데이터를 유지 보존한다. 화상 텍스트 형식의 쓸모없는 것이 아니다.
- 모든 책의 작동 방식이 통일되어 있다. 독자는 새삼스럽게 읽기 방식에 대해 다시 배울 필요가 없다. 위로 갔다가 아래로 갔다가 할 필요가 없다. 오로지 페이지를 넘기면 된다.
- 킨들은 하이라이트 부분이나 메모를 간단히 소셜 네트워크에서 공유할 수 있다.
- 아이북스나 킨들에서 책을 사면 '앱을 추가했다'라기보다는 자기만의 '도서관'이나 독서 공간을 만든 것 같은 기분이 든다.[10]
- 다카하시 노부마사 씨의 일러스트는 아이패드나 아이폰으로 보아도 아름답지만 e잉크를 채용한 킨들에서 보아도 아름답다.
- @font-face 기능을 이용해 종이에서나 디지털에서 타이포테크사의 Fedra(페드라) 폰트 패밀리를 사용할 수 있어서 『아트 스페이스 도쿄』의 '브랜드' 구축이 가능했다.

---

10 어찌해도 좋을 것처럼 생각될지 모르지만, 나는 전자책을 소유하고 있다는 느낌이나 전자책의 윤곽이 눈에 보이도록 하는 것은 소비자 심리에서 대단히 중요한 문제라고 생각한다. 내가 쓴 에세이는 킨들에서 수천 부가 팔렸다. 웹사이트에 무료로 공개하고 있는데도 말이다. 내 에세이가 팔리는 것은 킨들에서 샀을 때 얻어지는 소유 감각이 크게 관여되어 있기 때문이라고 생각한다. 이 감각은 웹 버전을 읽는 것만으로는 얻어지지 않는다.

아이북스만의 특징

• 킨들보다도 약간 복잡한 레이아웃이 가능하다. 각 장의 첫머리, 저자 약력, 인터뷰, 기타 책의 중요한 부분에 미묘하게 뉘앙스가 다른 타이포그래피를 넣을 수가 있다. 타이포테크사의 폰트를 채택함으로써 어느 때라도 아름답고 보기 좋은 전자책을 만들 수 있다.[11]

킨들만의 특징

• 아마존닷컴에서 판매하므로 인지도, 신뢰도가 높고 간편하다.
• 독자의 하이라이트나 메모가 데이터베이스에 모인다.
• 결과적으로 '가장 많이 하이라이트 표시된 문장' 등의 측정이 가능하다.
• 메모 및 하이라이트 공유 버튼을 켜두면 독자의 상황이나 책에 추가한 주석 등을 킨들의 팔로어에게 공개할 수 있다.
• 킨들판은 iOS나 안드로이드 등의 단말기에서도 접속할 수 있다. 한번 구입하면 어디서든 읽을 수 있다.
• 독자가 킨들을 사용해 페이스북이나 트위터에 공유한 하이라이트 문장은 상품의 입구 역할을 한다. 이에 따라 공유-열람-구입이라는 일관된 순환 시스템이 만들어졌다. 이 생태계가 아이북스에는 없다.

---

[11] 그렇다고는 해도 이것은 아이북스만의 장점이 아니게 되었다. 킨들의 KF8 포맷은 보다 다양한 문자 디자인을 표현할 수 있다.

그렇다면 무언가 자제해야 할 점은 없을까. 먼저 인터랙티비티의 확대는 줄여야 한다. 스크롤이 아니라 '페이지' 모델에 따라야 한다. 타이포그래피 역시 손을 쓰기가 적잖이 어렵다.(특히 킨들파이어 이외의 단말기에서는 대부분 손을 쓰기가 어렵다.)

어떤 종류의 책에서는 이러한 난점이 치명적인 문제가 된다. 따라서 보통 때와는 다른 읽기 방식이 필요한 책의 경우에는 어떻게든 앱을 만들어야 한다.[12] 그러나 『아트 스페이스 도쿄』는 지극히 평범한 책이다. 전통적인 인쇄물의 미학에 따라 만들어졌다. 내용도 엄밀하게 시작부터 끝까지 일직선으로 달리지는 않지만 알기 쉽게 구성되어 있다. 외부 자료의 링크를 싣고 '인터랙티비티'를 보강했다.[13] 우리의 경우 아이북스나 킨들의 플랫폼을 사용하는 이점이 난점보다 컸다는 것이다. 그리고 그 이점은 별도 앱을 디자인하고 개발해서 유지하는 데 동반되는 어려움보다도 훨씬 컸다.

이러한 점들은 시판되는 많은 책에도 적용된다고 본다. 그렇기 때문에 우리가 『아트 스페이스 도쿄』에서 시행한 시도는 다른 출판인들에게도 역할 모델이 될 것으로 생각한다. 그리고 우리와 같은 방법으로 이미 출판을 하고 있는 사람들에게는 이 글이 자신들의 플랫폼 선택이 타당했음을 확인하는 일이 되기를 바란다.

---

12 로빈 슬론은 '피시Fish: a tap essay'라는 앱을 만들었다.(www.robinsloan.com/fish) 아이북스나 킨들에서는 실현하기 어려운 아이디어를 형상화한 앱의 좋은 예다. 그는 웹 잡지 〈콘텐츠〉에 '피시'에 관한 에세이 「House of Cards」를 기고했다.

13 아이북스판과 킨들판에는 구글 맵으로 링크를 연결해 보강했다. 장마다 온라인판 링크도 담았다.

미디어는 메시지다

'가장 EPUB에 밝은 사람'을 찾던 나는 오라일리 미디어의 론 빌로도Ron Bilodeau를 소개받았다. '가장 밝은'이란 말은 상당히 모호한 것이지만, 어떻든 론은 정말 그 말에 어울리는 인물이었다. 몇 번인가 전화를 한 다음 그는 우리가 만든 인디자인 파일의 조정 작업을 맡아주었다. Mobi 파일(킨들용)로의 변환이 가능하고 보기에도 아름다운 EPUB 파일(아이북스용), 그리고 링크가 붙은 PDF 파일이었다. 이 파일들의 기본이 되는 인디자인 파일을 만들어주기로 한 것이다.

실은 복잡한 인디자인 데이터를 깔끔한 EPUB 파일로 만드는 일이 간단하지만은 않다. 론이 나에게 가르쳐준 작업 공정은 무서울 정도로 자세하여, 솔직히 말해 질릴 정도였다. 우리가 만든 인디자인 파일을 완성 후의 외관을 의식하면서 재구성하고, 셸 스크립트를 바꿔 쓰거나 기타 미세한 조정이 많이 필요했다.

그 공정은 실로 70번 이상.

광기에 가까운 작업 아닌가?

결과는 어떻게 되었을까? 정말 화려한 아이북스판과 엄청나게 기능적인 킨들판이 완성되었다. 아이패드나 아이폰에서 보이는 모양새도 놀랍다. 게다가 킨들 덕분에 모든 안드로이드 단말기에서도 읽을

수 있다. 또한 디지털판 세트를 구입하면 아름다운 레이아웃으로 다양한 링크가 연결된 PDF 파일도 준다.

통일된 디자인

아이북스판이나 킨들판의 목적은 종이책의 복제판을 만드는 것이 아니다. 종이책에 포함된 디자인이나 레이아웃의 미학을 계승하면서도 가능한 그에 따르지 않는 형태로 디지털판을 만드는 일이다. 어느 한쪽에 기울어지지 않도록 신경을 쓰면서 종이와 디지털의 통일성을 유지하고 싶었다.

다음 사항들은 디자인상의 통일성을 지키고 있다.

- 타이포그래피

아이북스와 킨들(파이어)은 @font-face에 대응한다. 그러므로 종이책과 같은 폰트를 사용할 수 있었다. 헤드라인이나 본문은 모두 통일되어 있다.

- 아이콘

『아트 스페이스 도쿄』의 '로케이션' 아이콘(빨간 점에 하얀 꽃잎 모양)을 어떤 판에서도 동일하게 눈에 띄도록 사용할 수 있었다.

• 일러스트레이션

다카하시 노부마사의 잉크화와 우리가 손으로 만든 지도는 종이책, e 잉크, 레티나 디스플레이, 데스크톱 등 어떤 환경에서도 동일하게 아름답게 표시되었다.

이 통일성은 종이책과 디지털책을 비교해보면 알 수 있을 것이다. 헤드라인과 본문의 폰트, 아이콘, 그리고 일러스트(지도), 이 세 가지 모두를 볼 수 있을 것이다. 다만 종이책의 레이아웃을 아이북스에서 완전히 재현하고자 한 것은 아니다. 알기 쉬운 예를 들어둔다. 아이북스의 표제는 어떤 페이지에서도 항상 가운데에 있기 때문에 기사의 헤드라인을 왼쪽에 두면 틈새가 만들어진다. 이 문제를 해소하려고 기사의 헤드라인을 가운데 맞추기로 변경했다.

아이북스판을 아이폰으로 보아도 디자인과 문자 스타일이 동일하게 반영돼 있다. 물론 이러한 점들은 웹 버전에서 보아도 동일하다.

종이책에서 디지털책으로의 이식이 반드시 일대일대응 관계일 필요는 없다. 그렇지만 우수한 디자인이 있다면 미디어의 경계를 뛰어넘어 새로운 미디어에 적응하는 이식이 가능해진다. "좋은 디자인이란 무엇인가? 그것은 떠돌아다니는 디자인이다."14 프랭크 키메로는 그렇게 말했다.

▶ 『아트 스페이스 도쿄』 로케이션 아이콘

14 Frank Chimero, 『The Shape of De sign(디자인의 형태)』, 2012.

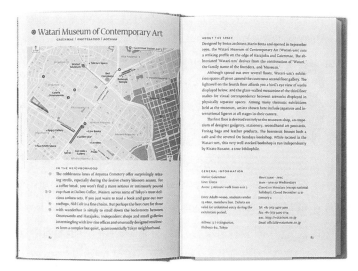

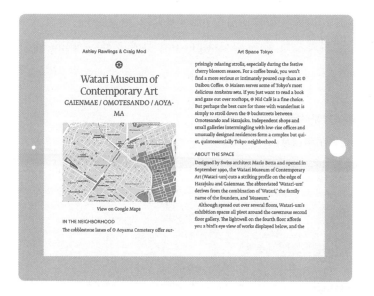

「아트 스페이스 도쿄」 종이책과 디지털책.
차이는 있지만 많이 비슷하다

이렇게까지 하면 완벽한가? 아직이다. 하지만 상당히 좋은 지점까지 왔다. 이대로도 충분한 범위에 든다. 더 신경을 쓰면 보다 아름답고 세련된 전자책을 보게 될 것이고, 만들어갈 수 있을 것이다.

2년 후의 세계

2010년에 아이패드의 판매가 시작되었다. 킨들도 주목을 받아왔지만 일시에 매출이 올라간 것은 2011년, 좀 더 후의 일이었다.[15]

당시 우리는 전자책이나 전자잡지에 대해 '새로운 단말기에 어떻게 책이나 잡지를 이식할까' 생각했다. '디지털이 책이나 잡지에 어떠한 영향을 미칠까'라고는 생각하지 않았다.[16]

현재의 아이북스와 킨들(iOS용/안드로이드용 앱과 전용 단말기)과 2010년의 아이북스와 킨들(앱과 전용 단말기)을 비교해보면 표면적인 차이는 그다지 없다. 어느 쪽이나 EPUB과 그에 준하는 파일에 대응한 화면이 표시된다.

세계 어디에서든

오히려 2010년부터 2년간 크게 변화된 것은 기획의 실현 방법과 상품 유통 경로다. 크라우드펀딩을 통해 출판의 밑천을 마련할 수 있

아이폰으로 본 아이북스판 『아트 스페이스 도쿄』

게 되었다. 그리고 하나의 파일(그렇다, 단 하나의 파일), EPUB을 만들기만 하면 세계 거의 대부분의 모바일 기기용으로 출판이 가능해졌다. 아마존, 애플, 반스앤드노블은 대중 시장으로의 유통과 판매를 담당한다. EPUB의 다운로드 링크를 퍼뜨리면 아프리카에서도, 인도에서도, 남미에서도, 태국이나 베트남에서도(임의의 지명을 나열했을 뿐이다) 누구나 다운로드를 해서 모바일에서 읽을 수 있다. 독서를 위한 단말기는 대부분 어디에나 있다.[17] 그리고 서비스 지원, 유통, 구매층도 각지로 드넓어지고 있다.

앞으로 보다 많은 독자들이 디지털로 읽게 될 것이다. 좀 더 많은 저자가 독자를 상대로 직접 책을 팔게 될 것이다.[18] 디지털 바깥의 세계에서는 작은 출판사가 유통업자와 손을 잡고 재고가 불필요한 POD인쇄 사업을 하고 있다.(불과 5년 전에는 생각하지 못했던 일이다.) 즉 시스템이 바뀐 것이다.

그리고 그 후……

각종 디지털 단말기가 보급되고 매출이 호조를 보이는 오늘날, 이제는 플랫폼이 성숙할 차례다. 킨들은 지난 수년간 거의 변화가 없었다. 아이북스는 온라인이든 오프라인이든 지금까지 하이라이트를 모으는 장소가 없다. 그뿐 아니라 소셜 리딩 기능을 도입하려는 움직임이 조금도 보이지 않는다. 리드밀Readmill과 같은 스타트업은 소셜 리

15 「Kindle books official take over print sales at Amazon(킨들용 전자책이 아마존 판매 부수에서 종이책을 뛰어넘다)」, 〈인가제트*Engadget*〉, 2011. 5 ; 「Amazon Kindle selling more than 1MM per week(킨들의 주간 판매 대수가 100만 대 이상을 기록)」, 〈블룸버그〉, 2011. 12.

16 이 두 가지의 차이에 대해 나는 이 책의 1장에서 검토했다.

딩에 대한 매력적인 대답을 제시했지만, 아이북스나 킨들의 생태계와 직접 연결되어 있지 않다. 그래서 그렇게 사용하려면 수많은 번잡한 난관을 헤쳐 나가야만 한다.

아직도 탐색기 상태인 전자출판에서 최소 투자로 최대 효과를 거두기 위해서는 어떻게 하면 좋을지 생각하는 출판사가 있다면, 오픈 스탠더드인 EPUB을 사용하면 된다. 만약 멀티 디바이스에 대응하여 클라우드싱크도 가능한 플랫폼을 하나부터 설계하고, 충분한 개발팀을 고용해 오픈 스탠더드를 새롭게 구축하는 노력을 아끼지 않으며 시행착오를 거듭하겠다는 의욕이 있는 것이 아니라면, 가장 좋은 것은 기존 플랫폼을 활용하는 것이다.

그렇게 멀지 않은 옛날, 전자책은 아예 존재하지도 않았다. 킨들이나 아이패드도 없었다. 거기에는 자기 완결적인 물질이 있었다. 네트워크화되어 있지 않은 물질. 지금과 옛날이 다른 점은 그런 물질들이 서로 손을 잡기 시작했다는 점이다. 물질의 내용은 바뀌지 않았다. 그러나 손을 잡는 그 작은 걸음들이 큰 변화를 일으킬 가능성을 품고 있다. 우리가 플랫폼과 손잡고 책을 만드는 저 앞에, 그런 변화가 있을지도 모른다.

17 「E-books for smart kids on 'dumb' phones(똑똑한 어린이가 '시대에 뒤처진' 휴대폰으로 읽는 전자책)」, 야후, 2012. 4 ; 「Almost 90 percent of people in South Africa own a mobile phone(남아프리카 약 90퍼센트의 어린이가 휴대폰을 소지)」, 〈프로그디자인*Frog Design*〉 Project M.

18 「A list of 170 + authors who have sold more than 50,000 self-published ebooks to date(셀프 퍼블리싱으로 5만 부 이상 판매한 170명 이상의 작가 최신 리스트)」, Self-Publishing Success Stories, 2012. 5.

7장

형체가 없는 것 ←→ 형체가 있는 것
디지털 세계에 윤곽을 부여하는 것에 대해

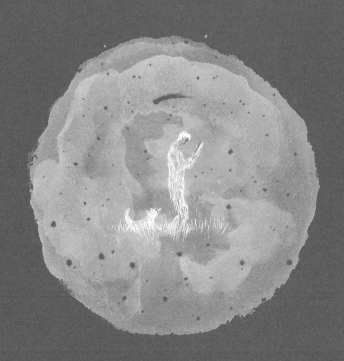

무게

　우리는 긴 여행길의 끝 비트의 세계에서 어찌할 바를 모르고 있었
다.

　제품에는 여행의 순간이 있다. 개발이 끝나는 순간. 에머슨 스트리
트와 유니버시티 애버뉴가 교차하는 곳에 앉아 있을 때도, 카페에서
커피를 마시고 있을 때도 끝은 곧 거기에 있었다.
　안녕히, 제품은 이쪽을 보고 손을 흔든다. 당신의 눈앞에서. 끝(또는
일단락). 그렇게 배웅하면 특별한 감개가 무량해진다.(고생하며 여기까
지 팀을 꾸려 해왔던 것, 그것이 이제는 끝나가려 한다.) 당신에게는 여러

감정이 밀려온다.

우리가 거기까지 우여곡절 끝에 도달한 것은 2011년 11월이었다. 이제 곧 iOS의 앱스토어에 앱이 공개된다.(놀라운 기술을 결집시킨 앱이.) 그러나 그건 버전 1.0……. 어디까지 이어질 것인가? 버전 1.1이나 1.2가 나올 때까지는 얼마나 시간이 걸릴까? 2.0이 나올 때까지는 또 얼마나? 1.0에 대해 기억하지 못할 정도의 기간? 아니면 예상대로의 기간?

나는 알고 싶어졌다. 우리는 무엇을 만든 것일까?
이것저것 조사하면서 깨닫게 된 것은 다음과 같다.

공유 폴더에 있는 997개의 디자인안
9569개의 git 커미트(변경 기록)
스케치가 가득한 책 다발
런치 파티에서의 사진들

여기서 하나의 의문이 떠오른다.
"이 무게는 얼마나 될까?"

비트

3.6킬로그램.

예?

3.6킬로그램. 그게 총 중량.

음, 그것에 대해서는 나중에 언급하자.

온 & 오프

제임스 글릭James Gleick의 『인포메이션—정보 기술의 인류사』에서
는 인포메이션이라는 개념을 온과 오프라는 상황을 이용해 설명하
고 있다.

> 비트는 종류가 다른 소립자라고 볼 수도 있다. 극소일 뿐만 아니라
> 추상적인 개념이기도 하고 이진법, 쌍안정적, 양자택일이라는 속성을
> 갖추고 있기 때문이다.

그리고 이런 생각은 다음과 같은 분야에도 적용되고 있다.

> (릭 라이더는) 언어 음성의 양자화를 위한 방책에 착수했는데, 그것
> 은 음성파를 '쌍안정회로'로 재생산할 수 있는 최소량으로 축소한다는

발상.

우리는 물질에 대해서도 비슷한 온과 오프의 이진법 시대에 돌입했다. 고도의 물질화 시대. 물질을 분해하여 전송하고, 그러고서 재물질화. 〈스타트렉〉 스타일이다. 디지털에서 물질로 또는 그 역으로의 변환이 점점 쉬워지고 있다.

그렇기 때문에,
우리는 그 변환에서 무엇을 얻고 있는가?
그 변환은 어떠한 면에서 우리의 경험에 새로운 빛을 주고 디지털과 물질에 대해 보다 좋은 이해를 촉진하고 있는가?
그러한 물음들이 지난 수년간 반복적으로 내 머리에 떠오르고 있었다.

디지털에서 물질로의 변환은 무한한 것을 유한한 것으로 만드는 것이라고 자연스럽게 상상할 수 있을 것이다. 확실한 윤곽이 없는 공간에서 윤곽이 있는 하나의 물질을 만드는 것이다.
윤곽을 만든다는 것은 짜임새를 만드는 것이며 디지털 콘텐츠를 감수感受할 때 커다란 도움이 된다, 하는 것은 이제 누구 눈에나 명백한 것이지만, 나는 2011년에 아이폰판 플립보드 제작을 도우며 비로소 그걸 깨닫게 되었다.[1] 윤곽이 있는 것이 제작 과정을 바라보는데 얼마나 중요한 것인가를 비로소 이해하기 시작했다. 윤곽은 비트 세계의 여행에서 지도가 된다.

이것은 거의가 디지털 공간에서 이루어지는 우리의 여행을 되돌아보고 개선하기 위한 에세이다. 디지털 여행 경험을 어떻게 하면 제대로 자신의 것으로 만들 것인가. 여행 경험에 윤곽을 만들고 공유 가능하도록 한다는 것은 도대체 어떤 의미를 갖는가. 그리하여 우리가 이룩한 일의 무게를 알게 되기를 바라는 에세이다.

애플리케이션

2011년 12월

팀은 아이폰판 플립보드의 안을 갈고 다듬어 만들고 개선하는 작업을 하는 데 1년의 태반을 썼다. 그것은 힘든 길이었고 방대한 아이디어들이 시도되었다. 몇 번이고 버튼 위치나 화면 이동에 관한 시행착오가 반복되었다.

12월까지 앱은 사용 감각이나 디자인 그리고 정보 아키텍처의 관점에서 구석구석까지 분해하고 갈고닦아 유연하게 만들어갔다. 그것만이 아니라 기반이 되는 엔지니어링도 확실한 동작을 위해 테스트

---

1 한 가지 구체적인 예를 들어보자. 〈뉴욕타임스〉에서 보내는 메일을 스크롤하는 것은 기분이 좋다. 거기에는 윤곽이 있어서 빈번하게 바뀌지는 않지만 (세상의) 모든 것을 보고 있는 것 같은 느낌이 든다.

하며 구석구석까지 정련했다. 만들고 부수는 작업의 반복이었다.

군이 이런 이야기를 하는 것은, 앱 제작 과정에서 겪은 시행착오의 어려움을 우리가 피부로 느꼈다는 것을 강조하기 위해서다. 확실히 우리는 물건을 만든다. 그것도 대량으로. 만들고 나서 버리고, 나아가 더 많은 물건을 만든다. 끝없이 반복된 실험에서 배운 것들을 쌓아간다.

제작 기간 중에 줄곧 디자인과 엔지니어링의 시행착오를 몇 가지나 동시에 겪었다. 결국 진짜 기술자들이 한 몸이 되어 기술을 결집했고 최고를 만들었다.

번번이 이어지는 이런 과정은 대부분 디지털 공간에서 이루어졌다. 디자인안은 포토샵이나 파이어웍스Fireworks에서 만들어 아이폰에 반영했다. 폴더는 팀 전체가 공유한다. 정보 아키텍처는 일러스트레이터나 인디자인으로 설계한다.

iOS 소프트웨어의 변경에도 세밀한 작업이 필요하다. 오늘날 대부분의 제작 환경에서는 엔지니어가 프로그램을 변경하면 그 사항은 커미트 메시지commit message, 관련 메시지와 함께 소스코드 리퍼지토리(저장소)에 저장된다. 그 메시지에는 프로그래머가 변경 내용을 간결하게 작성한다. 커다란 프로젝트에서는 커미트 수가 수천 개가 넘는

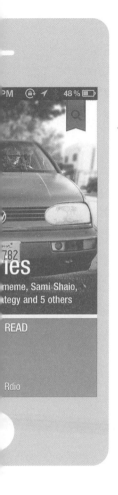

경우도 흔하다. 변경에는 "전환 속도를 0.4초에서 0.6초로 변경"등 작은 것부터 "정식 서버로 전환!"등 큰 것까지 있다. 아이폰판 플립보드에서는 이러한 커미트가 1만 개 가까이나 된다.[2]

그렇게 해서 우리는 앱을 만들어 나갔다. 커미트에 커미트를 더해 디자인 폴더는 커져갔고, 사진 폴더에는 스크린샷이 흩어져 나갔다. 그렇게 만들면 만들수록 디지털의 잔해가 늘어갔던 것이다.

요령부득의 디지털 세계

디지털 세계에서 물건을 만들 때 많은 사람이 '요령부득'을 느끼는 것으로 여겨진다. 그 요령부득은 컴퓨터 작업에서 늘 따르는 일이다. 비트의 세계에서 물건이 만들어지면 만들어질수록, 그 물건은 머릿속에서 구름처럼 붙잡기 어려워진다.[3]

구체적인 예를 들어보자. 아이템이 한 개밖에 들어 있지 않은 폴더도, 10억 개의 아이템이 들어 있는 폴더도 같은 것처럼 보이는 것이다. 10억 개의 아이템이 들어 있는 폴더도 단지 한 개의 아이템이든 폴더와 완전히 똑같이 느껴진다. 폴더를 열었을 때조차도, 현재 대부분의 인터페이스에서 보이는 것은 스크린 가득한 정보, 한 움큼의 아이템이 고작이다.

2   이런 것에 대해 자세히 알고 싶다면 위키피디아(http://ja.wikipedia.org/wiki/バージョン管理システム)에서 버전 관리나 git 같은 소프트웨어의 모든 것을 알려 준다.

3   '리얼'한 물건을 '손'으로 만들려 하는 최근의 조류는 우리를 뒤덮은 디지털 세계의 요령부득에 대한 반동이라는 측면이 있다고 본다. 'Do Lectures' 같은 컨퍼런스(www.thedolectures.com), 브루클린의 피클 가게 같은 새로운 가게(http://brooklynbrine.com), 디지털 삼림 피난민들(http://beaverbrook.com) 등이 그렇다. 손으로 만드는 것 그리고 물질성을 둘러싼 새로운 무엇이 생성되는 것 같다. 물론 모든 것이 우연으로서, 우리 세대가 스크린을 몹시 싫어하고 있을 뿐인지도 모른다.

일정량이 넘어가면 데이터는 우리에게 감각적으로 파악하기 어려운 것이 되어버린다. 클라우드 보존에 의해 그러한 경향은 가속화된다. 우리는 이제 하드디스크의 잔량조차 신경 쓸 필요가 없게 되었다! 디지털 정보에 확실한 시작과 끝이 있을 때도 우리는(인간은) 구석구석을 살피기가 어려워졌다. 표준적인 인터페이스에서 비트 세계의 활동이나 데이터 정리를 살피려고 하면 무한에 대해 생각하는 것 같은 벽에 부딪치게 된다. 그 시도조차 하기 어려워졌다.[4]

아이폰판 완성

아이폰판 플립보드 완성이 가까워지면서 나는 그 디지털 잔해에 대해 생각하게 되었다. 우리의 이야기, 우리 여행의 증거에 대해. 놀라운 것은 우리는 분명히 긴 여행길에 올랐는데 그런 여행이 어디에도 존재하지 않은 것처럼 느껴졌다는 것이다.

물론 디자인 폴더를 열면 방대한 양의 디자인의 변천을 살필 수 있다. git 리퍼지토리를 제외하면 거의 무한에 가까운 수의 커미트 메시지를 스크롤하며 쫓을 수 있다.

하지만 그렇다고 해도 그놈의 얄팍함! 장대한 여행을 했다는 실감과 그 여행이 단 하나의 폴더에(디지털상의 정보가 모이는 비물질적인 안개 속에) 담겨 있다는 사실 사이에서 내내 서성거리게 된다.

---

4 물론 여기서 말하는 것은 주로 인터페이스 문제다. 즉 종이에 인쇄하는 것만이 윤곽을 부여하거나 요령부득에 저항하거나 디지털적인 것을 조망하기 위한 유일한 수단이 아니다. 페이지순으로 나열해 인쇄하는 것은 하나의 수단에 지나지 않는다는 것이다. 고해상도 화면과 스마트한 디자인에 의해서도 해결책이 나와야 하며, 나올 것이라 믿는다.

그해 말에 플립보드사를 떠나게 된 나는 우리 여행을 구체화할 무언가를 찾고 있었다. 여행에 윤곽을 부여하고 싶다고 생각했다. 나 자신을 위해. 회사를 위해. 그래서 나는 데이터를 변환했다. 종이책을 만든 것이다.

『우산』

여기서 잠깐 다른 이야기를 하겠다.

책이라는 매체는 일반적으로 과정을 표현하는 데 적합하다. 그러나 그 '과정'이란 여기서 말했던 것과는 다르다. 그 차이가 중요하다.

1991년 10월 9일의 태양이 떠오르고 크리스토와 잔클로드Christo and Jeanne-Claude는 '평온한 장해물'5을 만들어내는 아트 프로젝트를 실행했다. 그것이 '우산 프로젝트The Umbrellas Project'다. 일본 동해안의 어떤 지역과 미국 서해안의 어떤 지역에서 3100개의 거대한 우산을 점처럼 놓아 일제히 펼쳤다. 그들은 말한다.

미국과 일본에서 동시에 하는 이 작품은 양국 골짜기 지역의 생활양식이나 토지 활용의 공통점과 차이점을 부각하는 것으로 총 연장 길이는 일본 측이 12마일(19킬로미터), 미국 측이 18마일(29킬로미터)이었다.6

---

5   www.artagogo.com/commentary/
    christo/christo.htm
6   www.christojeanneclaude.net/maj
    or_umbrellas.shtml

몇 년 전 들렀던 런던의 작은 서점 구석에 커다란 테이블이 있었다. 그 위에는 엄청나게 큰 책이 두 권 놓여 있었다. 세트로 된 그 책은 타셴Taschen사가 펴낸 특별판 『우산The Umbrellas』으로, 나는 그만 마음을 빼앗겨버렸다.

크리스토와 잔클로드의 제작 과정을 멋있게 포착한 그 두 권의 책을 나는 몇 시간이나 쳐다봤다. 거기에 담긴 것은 꿈같은 정경의 실현을 위한 계획과 그 프로젝트의 허가를 얻기 위한 부단한 노력의 궤적이었다. 그 책은(그 존재감은) 산간과 전원 지역에서 했던 설치미술의 뒤편에서 기울인 엄청난 노력을 보여주는 것이었다. 그 책은 그들의 노력과 그들의 여행을 찬미하는 것이었다.

하지만 이 책은 누구를 위해 만들어진 것일까? 그건 아마도 나를 위해서일 것이다. 나와 같은 외부 사람을 향한 것이다.

내가 말하고 싶은 것은 이런 것이다.

크리스토와 잔클로드에게 이 책은 그들이 이미 알고 있는 것에 형태를 부여한 것에 지나지 않는다. 그들의 작업대에는 계획도가 펼쳐져 있고, 서류장에는 토지 소유자들이나 행정 담당자들, 건축사들이나 직물업자들, 그리고 기술자들과의 거래 흔적이 담겨 있다. 즉 그들에게는 아무리 거대한 프로젝트라도 그 모든 것이 그들의 집, 그들의 작업장에 담겨 있는 것이다. 그들의 프로젝트는 파일이나 서류,

▲ 건조실

▶ '우산 프로젝트'. 캘리포니아(위)와 일본
   (아래)
   ⓒ Wolfgang Volz/laif/amanaimages

선반에 물리적으로 존재한다. 『우산』이라는 책의 크기가 크리스토와 잔클로드에게 프로젝트의 크기를 알려주는 것은 아니다. 그들은 작업장 문을 열 때마다 프로젝트의 규모를 체감했을 것이다.

또 하나 중요한 것은, 크리스토와 잔클로드가 외부에서 직접 자금을 받지는 않았다는 점이다. 그들은 제작 과정에서 생긴 잔해를 판매하는 것으로 프로젝트 자금의 대부분을 얻었다.

> 2600만 달러의 자금을 조달할 수 있었다. 준비 단계에서 넘쳐 남은 것, 드로잉, 콜라주, 스케일 모델, 초기 단계의 작품, 오리지널 석판화를 파는 것으로.7

2600만 달러의 스케치들! 그들이 제작 과정에 얼마나 자각적이었는지 알 수 있을 것이다. 그들은 창조성의 잔해를 파는 것으로 자금을 조달했던 것이다.

『우산』은 그들의 제작 과정에 형태를 부여한 책인데, 그것은 그들의 작업장에 접근하기 어려운 외부 사람들을 위한 것이다. 잔해투성이의 혼란스러운 작업장을 한 번도 본 적이 없는 사람들을 위한 것이다.

그렇다. 그렇기 때문에 『우산』은 우리를 위한 책이다. (모든 것을 파악할 수는 없더라도) 그들의 작업 과정이 담긴, 적어도 그것을 보여주기 위한 틀을 우리에게 부여하고 있다. 윤곽을 그려서. 그러나 크리스토와 잔클로드에게 『우산』이라는 책은 형식에 지나지 않는다. 어느 쪽인가 하면, 압도적으로 피부에 와 닿는 프로젝트의 감각을 불과 두 권의 책에 줄여서 담아놓은 것에 지나지 않는다.

이렇게 해서 이야기는 다시 되돌아간다. 컴퓨터의 세계에서 제작과정의 잔해에 대해 생각해보면, 규모를 파악하는 인간의 능력에 재미있는 일이 일어나는 것을 알 수 있다. 외부 사람뿐 아니라 제작을 하며 물건을 만드는 내부 사람들에게도 마찬가지다. 그것이 크리스토와 잔클로드라 할지라도 말이다.

모든 거래·디자인·아이디어·스케치(즉 모든 제작 과정)가 비트의 세계에서 이루어질 때 우리는 연결을 잊게 된다. 마치 모든 제작 과정이 단 하나의 점(겹쳐지지 않고 윤곽도 없는 단 하나의 점)으로 수렴된 것처럼 느끼는 것이다. 디지털 세계에서 물건을 만들고 있으면 조금 전까지 자신이 어디에 있었는지, 지금 자신이 어디에 있는지 그리고 내일 어디에 있을지도 점점 알 수 없게 되어버린다.[8]

아이폰판 플립보드 제작이 끝나고 나는 그 무게도 윤곽도 없는 한점에 형태를 부여하며 만져지는 물건을 만드는 것으로 제작의 가치를 이해하고 싶다고 생각했다. 손으로 만질 수 있는 형태는 여러 가지가

8 　그렇기 때문에 뛰어난 프로젝트 매니저의 존재가 중요해진다. '지금까지'와 '지금부터'를 알고 현재를 파악하고 제작 과정 전체를 보는 존재 말이다. 소프트웨어 제작 과정에서도 확실한 윤곽을 부여하고 틀을 짜는 데 달인임과 동시에 엔지니어링, 디자인, 마케팅 등 어느 분야라도 올바른 속도로 올바른 역할을 부여받아 진행되고 있는지 체크하는 존재. 자동차 경기에서 코드라이버*codriver*, 즉 내비게이터 같은 존재.

있지만, 책으로 만드는 것이 가장 간단한 방법이라고 생각했다.

그럼에도 그 책은 『우산』과는 정반대의 성질을 띠었다. 그 책은 우리의 제작 과정을 줄여서 담고 있는 것이 아니다. 그보다는 형태가 없는 디지털상의 제작 과정에 무게와 윤곽을 부여하기를 바라는 책이다.

책

그런 측면에서,

공유 폴더에 있는 997개의 디자인 시안
9569개의 git 커미트
스케치로 가득한 책 다발
런치 파티에서의 사진들

이 무게는 어느 정도나 될까?
길이 276페이지. 크기 30×30센티미터. 무게 약 3.6킬로그램.

표지에는 커미트 메시지가 새겨져 있다. 코드 베이스의 최초 메시지. 그것은 '해크'이자 도전이자 가능성이다. 소프트웨어 개발이 시작되는 정확한 시간이란 언제나 애매하다. 개발의 다수는 처음 메시지보다도 전부터 시작된다. 그리고 보다 힘이 들어간 개발은 그 후부터 시작된다. 그러나 최초의 메시지가 전해지는 그 순간에 제품은 아이덴티티를 가진다. 그 메시지는 미래의 씨앗이다.

나는 지나칠 정도로 상세한 시간 기록을 좋아한다. 미국 서해안 표준시(GMT, 즉 그리니치 평균시 마이너스 8시간), 토요일 밤 9시 35분 55초. 무서울 정도로 구체적이다!

로맨티스트들은 디지털로의 이행에 따른 물질성의 상실을 인간성 상실과 연결시킨다. 자주 인용되는 것은 작가인 레이먼드 카버와 그의 편집자인 고든 리시의 대화다. 발견된 편지에 남은 연필 흔적과 주석 덕분에[9] 리시의 존재가 카버의 목소리를 형성하는 데 얼마나 도움이 되었을지를 우리는 알 수 있다.

리시는 과감하게 정리했는데(미니멀한 문체로 만들었는데)[10], 경력의 후반에 카버의 편집자가 바뀌자 독자들은 그의 문체가 바뀐 것으로 오해했다.

카버의 후기 작품이 초기에 비해 장황하다고 말하는 사람들은, 단지 카버가 옛날부터 장황했었다는 사실을 모르고 있을 뿐이다.[11]

9   「Letters to Editor(편집자에게 보내는 편지)」, 《뉴요커》, 2007.

10   「Being Raymond Carver(레이먼드 카버 되기)」, 《뉴요커》.

11   Motoko Rich, 「The Real Carver: Expansive or Minimal?(진짜 카버: 장황할까 미니멀할까?)」, 《뉴욕타임스》, 2007. 10. 17.

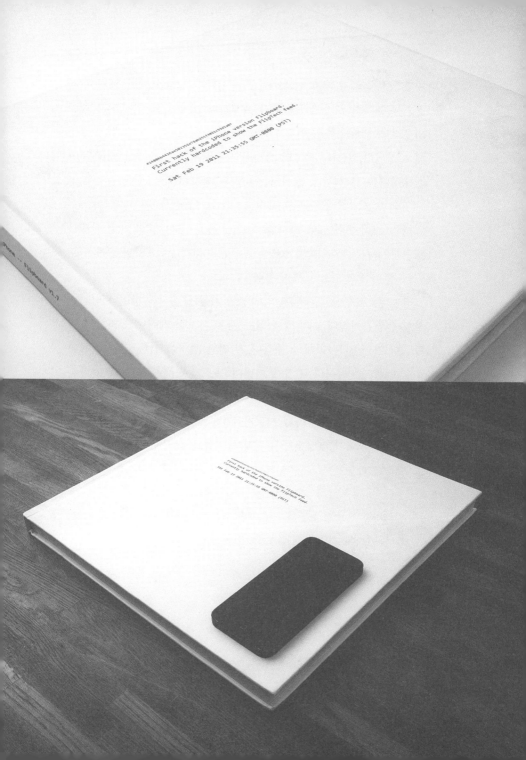

이런 이야기를 듣고 제작 과정의 이면을 들여다본 기분으로 흥분 한다면, 앞으로는 훨씬 더 흥분하게 될 것이다.

『아이폰판 플립보드』 표지에 새겨진 지나칠 정도로 자세한 시간 의 기록(디지털상의 극히 구체적인 시간)은 커미트의 일부분, 이른바 디 지털상의 메타 데이터의 극히 일부에 지나지 않는다.

앞으로는 카버의 원고 수정 이력을 GPS로 볼 수 있게 될지도 모른 다. 그가 어디에서 썼는지, 언제 썼는지. 제작 과정의 모든 것을 재현 하는 것도 가능할 것이다. 만약 원한다면 헤밍웨이가 스페인에서 『태 양은 다시 떠오른다』를 쓰는 과정을 추적하는 것도 가능할 것이다.

그런 훔쳐보기 같은 일들이 현실화되고 있다. 2011년에 스타이피 Stypi라는 스타트업이 문서 제작 과정을 재현하는 서비스를 시작했 다. 타이핑의 하나하나까지 재현한다. URL에서 문서를 공유함으로 써 독자는 그 문서의 제작 과정을 재생할 수 있다. 와이컴비네이터 Y Combinator의 창립자(겸 스타이피 투자자)인 폴 그레이엄은 그의 앱을 사용해 2011년 11월에 「스타트업 13조」[12]라는 에세이를 썼다. 폴의 집필 과정을 목격하는 일은 재미도 있고 자극적이다. 그가 에세이를 쓰는 과정을 지켜보면 정말 인간적인 친밀감을 느끼게 된다.

『아이폰판 플립보드』 역시 친밀감을 느낄 만한 메타 정보를 포함 한 표지로 시작해서 마지막 커미트 메시지가 새겨진 속표지로 끝난

12 이 에세이는 그의 블로그에 실려 있 다. 스타이피에서의 집필 퍼포먼 스를 볼 수 있다.(http://code.stypi. com/hacks/13sentences) 그레이엄 의 '해커뉴스Hacker News'에서는 에 세이에 대한 반응 등도 읽을 수 있 다.(http://news.ycombinator.com/ item?id=3216529)

▲ 아이폰판 플립보드 최초의 커미트 메 시지 내용

▼ 30×30센티미터(마르코스 웨스캄프 촬영)

다. 디지털에서 물질로 변환하는 데 있어서 앱의 디지털상의 윤곽을 (처음과 마지막의 커미트 메시지를) 이 종이책의 틀로서 채택했다.

처음 커미트는 토요일 밤 늦게 이루어졌다. 그리고 마지막 커미트는 끝없는 코딩 여행을 거쳐 화요일 아침 4시 47분에 이루어졌다. 이 구체적인 기록에는 묘하게도 로맨틱한 부분이 있다. 엔지니어가 최종 결정을 내리고 엔터 키를 누르는 그 순간을 상상할 수 있다. 아이폰판 플립보드 앱은 바야흐로 그 순간에 태어나, 제작도 바로 그 순간에 끝난 것이다.

책을 펴면 달마다의 경과가 디자인과 엔지니어링의 양 측면에서 볼 수 있도록 되어 있다. 2월에 HTML로 시작한 플립보드는 12월에 앱으로 완성되었다.

이 형태(종이책)가 스크롤로 보는 것보다 디자인 변천 과정의 어려움을 이해하기 쉽다. 정보 아키텍처 안이 나오는 페이지, 노트에 쓰인 스케치 페이지, 그리드 선의 시행착오를 일람할 수 있는 페이지. 디지털에서 물질로 변환되어 새롭게 명확성을 얻었다.13

그리고 뒷부분에는 커미트 메시지. 9569개 전부다.14 커미트 메시지가 잔뜩 담긴 페이지를 넘기다 보면 개발이 새로운 국면에 접어들었다거나 새로운 개발자들이 프로젝트에 참가하기 시작한 것을 실감할 수 있다.

Herb finished his drink. ~~Then the two slowly up from the table and said, "Excuse me. I'll go shower." He left the kitchen and walked slowly down the hall to the bathroom. He shut the door behind him.~~ 9 "Gin's gone," Herb said.

편집자 리시에 의해 수정된 카버의 『비기너스』

그리고 마지막으로 런치 파티 사진들이다. 사진은 인스타그램이나 플리커Flickr에서 지오태그Geo tag 검색을 통해 모았다.

디지털이기 때문에 별도로 말하지 않았던 아이폰 앱 개발의 전모가 3.6킬로그램의 책으로 쓰여 명확한 물건이 되었다. 형체가 없는 것에서 형체가 있는 것으로. 뜬구름 잡는 것 같았던 몇 개월의 공정이 파악 가능한 것으로 남겨졌다.

배달

블러브Blurb15라는 회사에 POD를 의뢰했던 책이 배달되었다. 어느날 아침 회사 책상에 택배의 사각 상자가 놓여 있었다.

자, 이것이 우리의 디자인과 개발의 무게다. 상자를 열고 책을 꺼내며 그 압도적인 존재감을 앞에 두고 뭐라고 말할 수 없는 기쁨이 용솟음쳤다. 그 감정적인 반응은 인디자인 화면에서는 얻을 수 없는 것이었다. 그 감정은 물론 하나의 물건이 디지털로 표현될 때와 물질로 나타났을 때의 인식의 낙차에서 생겨난 것이다. 두 가지가 동일한 데이터에서 생겨난 것이라면 더욱 그럴 것이다.

13 종이에 인쇄하는 것의 은혜란 그 아름다움과 크기에서 연유할 것이다. 만약 종이처럼 아름다운 스크린(2012년의 아이패드처럼)이 커다란 사이즈로 만들어진다면 종이에 인쇄한 것과 비슷한 느낌을 부분적으로라도 재현할 것이다.

14 git log --pretty = format:'%h %an %ai %s'{{{first_commit_hash}}}.. HEAD --reverse 〉everything.txt. 자세한 것은 여기. http://gitready. com/advanced/2009/01/20/bend-logs-to-your-will.html

15 POD인쇄를 할 때 몇 년간이나 블러브를 이용하고 있다. 그들의 사이트에는 인디자인 템플릿도 있고 PDF 제본 지정서도 있다. 종이 종류, 제본 종류에도 다양한 옵션이 있다. 나아가 이 회사의 CEO 아이린 기틴스Eileen Gittins는 아름다운 책이 누구의 손에라도 전달되도록 노력하고 있다.

동료들

점심 식사 후의 프로젝트 분석은 오후에 햇볕이 내리쬐는 조용한 방에서 이루어졌다. 커다란 목제 테이블 주위에 아이폰판 플립보드 팀이 모였다. 열 명에서 열다섯 명 정도. 잘된 것은 무엇인가? 제대로 되지 않은 것은 무엇인가? 다음에는 어떻게 개선할 것인가?

우리는 힘들었던 여행(개발)의 여정에 대해 이야기를 나눴다. "하지만," 나는 목소리를 높였다. 우리 여행이(그리고 그 교훈이) 실리콘밸리 특유의, 점심 식사 후의 어수선함 속에서 옅어지는 것이나 아닌지 걱정이었다. 무엇이 잘되었고 무엇이 실현되지 않았는지를 생각하는 것도 좋지만 "우리가 한 게 도대체 무엇이지?"를 이야기해야 한다고 보았다.

나는 가방에서 커다란 책을 꺼내서 테이블 위에 던져 올렸다. 팀원 모두가 페이지를 넘기며 책 내용을 알아차렸을 때 방 안에는 묘한 안도감이 흘렀다. 형체가 없었던 우리의 어려운 제작 과정에 이윽고 형체가 부여된 것이다. 이 책은 아마도 다른 때 같으면 끝을 느낄 수 없었을 제작 과정에 종지부를 찍은 것이다. 실제로 이 책은 우리가 한 농밀한 인터페이스 모험을 보존하는 기능을 한다.

이 책은 회사 외부 사람을 위해 만든 것이 아니다. 이상한 일이지만, 이 책은 마치 이 책에 들어 있는 것을 만든 동료들을 위해 만들어진 것 같다. 프로젝트 제작 과정을 가장 잘 알지만 (디지털이라는 성질 때문에) 자신들이 만든 것을 눈으로 보지 못했거나 그 무게를 알지 못했던 동료들을 위한 책이다.

『우산』이라는 책은 소비자용.
『아이폰판 플립보드』라는 책은 제작자용.

양자택일, 온 & 오프

이와 같은 하드커버 책은 EPUB이나 Mobi 파일 등 전자출판으로의 이행의 산물이라는 것을 기억해둘 필요가 있다. 『아이폰판 플립보드』도 5년 전이라면 거의 불가능했을 것이다. 내가 만든 것은 두 권이었다. 거대한 풀 컬러 책 두 권! 그 두 권은 내가 데이터를 보낸 지 열흘 후에 배달되었다. 작은 기적이다.

……이진법, 쌍안정적, 양자택일
형체가 없는 것 ←→ 형체가 있는 것

『아이폰판 플립보드』 반복, 반복, 반복

일부분이지만……

물론 『아이폰판 플립보드』는 제작 과정 모두를 제대로 구현한 것
이 아니다.

스타트업에 참가한 사람이라면 알겠지만, 제작물에는 작업팀의
헤아리기 어려운 노력이 배어 있다. 수면 부족, 근육량 저하, 스트레
스. 기술 또는 디자인상의 문제에 대해 좋은 해결책을 발견했을 때
의 기쁨이, 어떤 해결책이 무용지물이 되고 또 다른 해결책이 필요함
을 알게 되었을 때의 침울함이. 심야의 프로그램 개선 세션, 디자인
검토, 농담, 싸움, 애니메이션 GIF, 하이터치, 대립에서 생겨난 유대
감. 이런 것들 모두가 완성품 어딘가에 새겨져 있다. 모든 것은 거기
에 있다. 모든 것이, 그리고 그 이상의 것이. 물론 그것은 눈에 보이
지 않는다. 거기에 쏟아부은 감정은 어떻게 나타낼 수 있을까?

우리가 얻고자 바라는 것은 제작 과정의 일부분을 확실히 체현하
는 것(감정의 실마리)일 것이다. 팀 동료들이 여행 경험을 자신의 것
으로 만드는, 확실한 윤곽을 띤 장소일 것이다.

데이터에 형체를 부여하는 것.

독특하고 중요성을 더해가는 그 가치를 이번과 같은 프로젝트는
이야기하고 있다. 데이터와 물질을 오가는 것, 그러한 공간을 만드는
것. 비트의 세계에서 부단한 노력을 거듭하고 거기에 윤곽을 부여하

는 것. 이러한 시도는 우리의 디지털 체험을 보다 알기 쉽게 하고, 접근하기 좋게 하며, 소비하기 좋게 할 것이다.

윤곽을 부여한다는 것은 가시화한다는 것이며 감정을 담는 것이기도 하다. 윤곽이 있으면 무게가 생겨난다. 그렇게 함으로써 '느끼는' 것이 가능하다. 손으로든 마음으로든. 거기까지 가면 자신들이 만들어온 것이나 걸어온 길을 더욱 깊이 이해할 수 있을 것이다.

감사

Enrique Allen, Joseph & Mina(& Mei) B.B., Julia Barnes, John Broadly, Frank Chimero, Peter Collingridge, Russell Cummer, Liz Danzico, Evan Doll, Max Fenton, Nicole Fenton, Dylan Field, The MacDowell Foundation, Rob Giampietro, Masaaki Hagino, Ben Henretig, Takeshi Higuchi, Junko Kamata, Roland Kelts, Erin Kissane, Saori Kunihiro, Elle Luna, Ian Lynam, Sean McDonald, Mark Stephens Meadows, Luis Mendo, Gail Musgrave, Geoge Musgrave, Eiko Nagase, Akio Nakamata, Richard Nash, Kay Ohara, Chris Palmieri, Ashley Rawlings, Oliver Reichenstein, Matt Romaine, Jed Schmidt, Chihiro Suda, Bin Sugawara, Robin Sloan, Hiroko Tabuchi, Minori Takayama, Lynne Tillman, Shintaro Uchinuma, Bret Victor, Marcos Weskamp

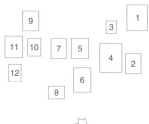

하이브리드 시대, 책의 가능성에 대한 경험적 성찰

오늘날은 다원성·융합·혼종의 시대다. 책 생태계 역시 오프라인에서 온라인으로, 종이책에서 전자책으로, '디지털 퍼스트'에서 '모바일 퍼스트'로 범주 확장과 진화를 거듭하고 있다. 이러한 패러다임 속에서 책 생태계의 주역들인 저자와 독자, 출판사, 유통사, 서점, 도서관의 변화 또한 다각화되고 있다. 책의 새로운, 새로운 책의 대항해시대가 열리고 있다.

그런데 출판 시장의 지속적인 기반 침하 경향에서 드러나듯 디지털 빅뱅으로 야기된, 책과 관련된 산업과 문화의 지체 현상이 심각하다. 디지털 패러다임에서 책과 출판은 속수무책으로 낙후 산업군으로 분류될 운명에 처해 있다. 이유는 명백하다. 책의 생산·유통 측면에서의 대응력 미비가 소비 침체를 불렀기 때문이다.

그럼에도 불구하고 독자들이 스마트폰에 빠져서 책을 읽지 않는다거나 종이책을 사지 않는 것이 사태의 본질인 것처럼 호도하는 것은 올바른 관점이 아니다. 익숙한 곳을 떠나 환경이 다른 곳으로 전학 간 학생의 성적이 부진해졌다면, 전학 간 곳의 환경이 나쁘다고 탓할 것이 아니라 적응력을 어떻게 높일지 고민하는 것이 사태 해결에 도움이 될 것이다. 과연 독자의 요구에 충분히 값하는 책을 독자가 만족할 만한 방식으로 만들어 공급하고 알렸는지 냉정하게 살펴야 한다. 우리는 익숙하지 않은 길로 들어섰을 뿐이다.

거대한 디지털 전환기의 초입에 선 책과 출판이 미래를 항해하기 위해 필요한 것은 무엇보다 가능성에 대한 희망의 에너지다. 손에 잡히는 구체적인 믿음과 비전이 우리의 발걸음에 힘을 실어줄 것이다. 그냥 가는 것과 확신을 가진 발걸음은 완전히 다르다. 경험만큼 확실한 것은 없으며, 경험이 과학으로 분석되고 쌓이며 항해도가 만들어질 터이다.

『우리 시대의 책』은 그러한 새로운 경험에 기초해 가능성의 일단을 보여준다. 종이책과 다양한 전자책이 공존하는 하이브리드 시대에 책과 독자가 네트워크로 연결된 환경에서 검증된 것들과 필요한 것이 무엇인지, 가벼운 터치로 쓴 가볍지 않은 글 일곱 편에 담아냈다. 어떤 콘텐츠를 전자책으로 만들고 어떤 것을 종이책이나 태블릿 PC 콘텐츠로 만들어야 하는가, 종이책과 전자책에 모두 어울리는 표지는 어떻게 만드는 것이 좋은가, 최적화된 출판 방식은 무엇인가, 킥스타터닷컴에서의 생생한 크라우드펀딩 사례, 아이북스나 킨들 플랫폼을 어떻게 활용할까에 대한 역할 모델 등이 그것이다. 정보 기술에 의해 책의 외형이나 전달 방식이 달라지더라도 지켜져야 할 출판의 본질이 무엇인지 '혁신'과 '공유'의 열정으로 써내려간 새로운 스타일의 책이다.

이 책은 저자의 개인 사이트(http://craigmod.com)에 게재된 글을 일본어판으로 출판한 『우리 시대의 책ぼくらの時代の本』(2014)을 한국어로 옮긴 것이다. 원고들은 대체로 2010년부터 2012년 사이에 쓰인 것들로 애플의 아이패드 발매(2010년 5월) 이후 급격한 소용돌이 속에서 책의 운명과 출판 시장의 수익 모델에 대한 관심이 가마솥처럼 들끓던 시기와 일치한다. 다행인지 불행인지 그 물음은 아직도 현재진행형이며, 오히려 물음표의 크기와 무게감은 훨씬 더 커진 듯하다. 일부 출판 선진국들처럼 전자책 시장이 이륙하지 못하고 아직껏 활주로만 맴도는 한국에서는 이에 대한 갈증이 훨씬 더하다.

저자 크레이그 모드는 세계 최초의 소셜 매거진을 만든 실리콘밸리 소재 스타트업인 플립보드Flipboard와 그 뒤 일본의 스마트뉴스SmartNews에서 일했고 출판·저술·디자인 관련 업무를 오가며 미디어와 나라의 경계를 뛰어넘어 활동한 인물이다. 출판의 안쪽에서만 책을 보지 않고, 그 바깥의 변화하는 정보 기술의 흐름을 아는 전문

가이자 일급 사용자로서 책의 변화와 가능성을 열정적으로 탐색했다. 그의 독특한 입지 덕분에 디지털 시대에 출판사, 디자이너, 콘텐츠 개발자가 알아야 할 통찰이 담긴 글이 쓰일 수 있었을 것이다. 그래서 책의 지평을 넓히기 위해 노력하는 사람이라면 공감할 부분이 적지 않다.

책의 한 구절처럼 지금 우리는 "출판의 미래를 만들어 나가는 시대"에 살고 있다. 책의 미래를 긍정하는 사람들이라면, 특히 종이책을 끔찍이 사랑하면서도 한편으로 전자책의 놀라운 가능성을 아울러 믿는 이들이라면 공명하는 바가 많을 것이다.

2015년 9월

백원근

Pub. Company, 1871.

36쪽   Torah Brought to Israel, 1949. The Jewish Agency for Israel.

https://www.flikr.com/photos/jewishagencyforisrael/4043841325

37쪽   蒙古襲來繪詞, 三の丸尚蔵館蔵

52쪽   Murakami Haruki, *The Wind Up Bird Chronicle*, New York: Knopf, 1997.

56쪽   Walter Isaacson, *Steve Jobs*(Kindle edition), New York: Simon & Schuster, 2011.

58~59쪽 Farah K. Behbehani, *The Conference of the Birds*, London: Thames & Hudson, 2009.

65, 67쪽 Michael Light, *Full Moon*, New York: Knopf, 1999.

70, 149, 203쪽 Craig Mod & Ashley Rawlings, *Art Space Tokyo: An Intimate Guide to the Tokyo Art World*, Tokyo: PRE/POST Press, 2010.

72~73쪽 Frank Chimero, *The Shape of Design*, New York: n/a, 2012.

76~77쪽 Gutenberg Bible, New York Public Library. © 2009 Amy Allcock.

https://www.flickr.com/photos/amyallcock/3669471059

88쪽   "Composition(植字)", *Making the Magazine*, pp. 7, Harper's New Monthly Magazine, No. CLXXXVII—December, 1865, Vol. XXXII.

100쪽   Lynne Tillman, *What Would Lynne Tillman Do?*, New York: Red Lemonade Press, 2014.

109쪽   N360, Honda, 1967.

115쪽	"Embossing(エンボス)", *Making the Magazine*, pp. 26, Harper's New Monthly Magazine, No. CLXXXVII—December, 1865, Vol. XXXII.
127쪽	"The Hoe Rotary Press(ホー型輪転機)", *Making the Magazine*, pp. 24, Harper's New Monthly Magazine, No. CLXXXVII—December, 1865, Vol. XXXII.
135쪽	"Hydrolic Press(気圧プレス)", *Making the Magazine*, pp. 18, Harper's New Monthly Magazine, No. CLXXXVII—December, 1865, Vol. XXXII.
142쪽	Aldus Manutius Printers Mark("Dolphin & Anchor"), 1501.
169~178쪽	"The Making of Art Space Tokyo" photographs ⓒ Craig Mod, 2010.
195쪽	Obama's Afghanistan, *Virginia Quarterly Review*, Spring 2010.
200~201쪽	Dresden Codex, Mayan Book, 1000-1100 A.D. http://en.wikipedia.org/wiki/Dresden_Codex
220쪽	"The Drying-Room(乾燥室)", *Making the Magazine*, pp. 18, Harper's New Monthly Magazine, No. CLXXXVII—December, 1865, Vol. XXXII.
221쪽	Christo and Jeanne-Claude, "The Umbrellas, Japan-USA" photographs ⓒ Wolfgang Volz/laif/amanaimages.
226, 232~233쪽	Craig Mod, *Flipboard for iPhone v1.0*, Tokyo: PRE/POST press, 2011.